Der Schwabenspiegel

Der Schwabenspiegel

Jahrbuch für Literatur, Sprache und Spiel
Herausgegeben vom Archiv
für Literatur aus Schwaben
Heft 1/2000

Erarbeitet von Hans Wellmann und Daniel Winiger

Redaktion: Iris Knöpfle

Titelbild: Erwin Holzbaur, »Moriskentänzer«
(Rohrfeder aquarelliert, 2000)

Die Deutsche Bibliothek - CIP-Einheitsaufnahme
Der Schwabenspiegel : Jahrbuch für Literatur, Sprache und Spiel /
hrsg. vom Archiv für Literatur aus Schwaben. - H. 1. 2000-.
- Augsburg : Wißner, 2000
ISBN 3-89639-244-1

Herausgegeben vom Archiv für Literatur aus Schwaben (ALS)
in Kooperation mit dem Bezirk Schwaben und der
Universität Augsburg

Bezug des Heftes:
über den Buchhandel, den Wißner-Verlag oder das
Archiv für Literatur aus Schwaben (ALS)
Eichleitnerstr. 30, 86159 Augsburg
(www.schwabenliteratur.de)

Verantwortlich für dieses Heft:
Hans Wellmann, Lehrstuhl für Deutsche Sprachwissenschaft,
Universitätsstr. 10, 86159 Augsburg

© Wißner-Verlag, Im Tal 12, 86179 Augsburg
Druck: Druckhaus am Kitzenmarkt, Augsburg
Das Werk und seine Teile sind urheberrechtlich geschützt. Jede Verwertung in anderen als den gesetzlich zugelassenen Fällen bedarf deshalb der vorherigen schriftlichen Einwilligung des Verlages.

Inhalt

Geleitwort. *Dr. Georg Simnacher* 7
Vorwort. *Hans Wellmann* 8
Auf der Suche nach einem Namen 10
Aufgaben des neuen Literaturarchivs 11

NEUE PROSA
Der Schrecken Süße. *Günter Herburger* 15
Aktentaschenverleih. *Martin Oswald* 21
Dahinab. *Peter Dempf* 23
Sonnentomaten. *Claudius Wiedemann* 26

LYRIK
Stefan Monhardt 29
Christian Krug 32
Walter Fick, Arthur M. Miller (Herbstgedichte) 33

DAS PORTRAIT
Erwin Holzbaur aus Mindelheim 36

AUTORENTREFFEN UND PREISE
Literatur und Politik: Der »Ingeborg-Bachmann-Preis« 2000 41
Libidissi. Auszug aus einem Roman des Preisträgers *Georg Klein* 43
Der Irseer »Pegasus-Preis«: Literarischer Dialog zwischen Regionen 45

LITERATURGESCHICHTE
Josef Bernhart über Literatur und Religion und: ein Lebensbild des
Dichters 47
J.C. Wagenseil über *J.M.R. Lenz* 49

LITERARISCHER FÜHRER DURCH SCHWABEN
Besuch auf der Meersburg bei Annette von Droste-Hülshoff
(*Arthur M. Miller, Irina Korschunow*) 50

THEATER AUS DER REGION
Versuch einer Annäherung – Ein Probenbericht. Zur Inszenierung
des Stückes »Sprung aus dem Dunkel« von Franz R. Miller.
Hanspeter Plocher. 56

MANUSKRIPT
»Der Doosoahrig«, Ausschnitt aus einem Bauernstück von
Arthur M. Miller 59
Eine Sprachkarte zum Wort »doosoahrig« 63

DAS LAIENSCHAUSPIEL IN SCHWABEN I
Der Landkreis Dillingen. Ergebnisse einer Umfrage. *Rosmarie Mair* 65

MARIONETTENTHEATER, SCHATTENSPIELE, SCHERENSCHNITTE
Zu der Ausstellung der Scherenschnitte von Josy Meidinger in
Neuburg an der Donau 73

Vorschau auf die Ausstellung »Schattenspiel und Scherenschnitt«
(Mai bis Juni 2001, Oberschönenfeld) 74
»Der Mann im Ohrenstuhl«: Bild und Text. Zur Intertextualität von
Scherenschnitt, Erzählung und biographischen Notizen bei Arthur
M. Miller 77
»Der Mann im Ohrenstuhl«. Kurzgeschichte 80

DIE LITERARISCHE WERKSTATT IN SCHLOSS EDELSTETTEN (I)
Tagebücher schreiben und lesen. Ein Workshop (7./8. Oktober) 84

ESSAYS
Wechselwirkungen: Ein Moment der literarischen Landschaft
bayerisches Allgäu. *Ernst T. Mader* 87
Utopie Heimat: Günter Herburger und das Allgäu. *Gerd Holzheimer* ... 93
Jakob Brucker – Biographisches und Philosophisches.
Reimar Güthner 102

SCHLAGWORT
»Millennium« oder die Magie eines Wortes. *Lorelies Ortner* 114

AUSSTELLUNG IN DER DISKUSSION
Über die Ausstellung *Gesammelte Zeiten* in Oberschönenfeld
Hans Frei 123

LITERATUR, SPRACHE, SCHULE (I)
Der Schulstreber. *Hyazinth Wäckerle* 127

ZEITSCHRIFTENSCHAU: »Allmende« und »Ebbes« 129

VERANSTALTUNGEN IN DER UNIVERSITÄT
Große Werke der Literatur 131

LITERARISCHE ZIRKEL IN DER REGION (I): »Zeitriss« 133

MUNDART: Schwäbisch (I) 138

PRESSESCHAU
Zur Gründung der Forschungsstelle für Schwäbische Literatur 142

SINNSPRÜCHE, APHORISMEN, GEFLÜGELTE WORTE
Pensées. *Walter Fick* 144
Wahrspruchworte. *Arthur M. Miller* 145

LITERARISCHE RÄTSEL (I)
Liebe zu wem? Wer schrieb diesen Roman? 146

REGIONALFORSCHUNG
Das Projekt »Erlebte Literatur« 148

Das Abonnement und die Literarische Gesellschaft von Schwaben 149

WETTBEWERB
Schüler schreiben Geschichten 150

Anschriften der Verfasser 155

Geleitwort

Eine besonders geglückte Zusammenarbeit zwischen der Universität Augsburg und dem Bezirk Schwaben ist die gemeinsame Errichtung des bayerisch-schwäbischen Literaturarchivs mit besonderer Pflege der Arthur-Maximilian-Miller-Stiftung. Für seine regionale Aufgeschlossenheit und tatkräftige Förderung der Ziele verdient Herr Professor Dr. Hans Wellmann die Anerkennung des Bezirks Schwaben.

Mit dem vorliegenden Band erscheint die erste Dokumentation bisheriger literarischer Forschung, Archivierung und Präsentation. Bayerisch Schwaben ist in der Literatur keine laute Provinz. In der von der modernen Literaturpflege ausgesparten Landschaft sind aber genügend potente Poeten heimatlich zu entdecken, die man durchaus zu den großen Dichtern und Schriftstellern rechnen darf. Doch fehlt häufig auch den heimisch Gebliebenen die Zugangsmöglichkeit zu ihnen. Die Zeit darf über sie nicht hinweggehen und sie in das Archiv des Vergessens versenken. Das neu errichtete bayerisch-schwäbische Literaturarchiv hat damit einen großen Auftrag zu erfüllen: den »Vorausgegangenen« Gegenwart und Zukunft zu schenken, den »Gegenwärtigen« die Kraft der Sprache für die Zukunft zu sichern.

Bayerisch-Schwaben ist ein reicher Kulturraum, nicht nur in seinen Baudenkmälern, sondern auch in der Vielfalt seiner Musik- und auch Literaturpflege. Dem vorliegenden Band des »Schwabenspiegels« wünsche ich deshalb eine große Verbreitung im Sinne der Pflege regional-heimischer Literatur und damit gleichzeitig zur innerschwäbischen Identifikation.

Dr. Georg Simnacher, Bezirkstagspräsident

Vorwort

Unsere Arbeit gilt vor allem der Literatur und dem Spiel in der Region, für die – vor 30 Jahren – die Universität Augsburg gegründet wurde. Die Anregung zur Einrichtung des Archivs ist Herrn Dr. Simnacher zu verdanken. Den Grundstock bildet der Nachlass des schwäbischen Autors Arthur Maximilian Miller, den eine Stiftung verwaltet. Dieser Nachlass ist zum Kristallisationskern geworden. Jetzt sammeln wir Manuskripte und Nachlässe für eine Arbeitsstelle, die auch die Literatur der Region erforscht.

Es gibt Parallelen zur Gründung dieses Literaturarchivs. Vor 20 Jahren war es die vertrauensvolle Zusammenarbeit zwischen dem Bezirk Schwaben und der Universität, hier dem Lehrstuhl für deutsche Sprachwissenschaft, die zur Gründung der Arbeitsstelle »Sprachatlas von Bayerisch-Schwaben« geführt hat. Jetzt geht es darum, aus ähnlich kleinen Anfängen eine Institution zu entwickeln, die für die Region vielleicht einmal eine vergleichbare Bedeutung erlangt. Besonders gute Anregungen verdanke ich dabei dem Brenner-Archiv, das Dr. Methlagl vor vielen Jahren aus einem Nachlass (des Zeitschriftherausgebers L. von Ficker) an der Universität Innsbruck errichtet und inzwischen zu einem angesehenen Literaturhaus ausgebaut hat. Walter Methlagl hatte früh erkannt, dass sich die wissenschaftliche Archivarbeit und die literarische Produktion der Region gegenseitig befruchten können.

Das vorliegende Jahrbuch soll ein Organ darstellen, das sich einerseits mit dem Erbe verschiedenster Persönlichkeiten auseinandersetzt und andererseits ein Spiegel des literarischen und kulturellen Lebens der Gegenwart sein soll. Kurz: ein Forum für Autoren aus der Region und ein Ort der Diskussion für die Wissenschaft. Auf dieser Linie liegt es, dass in unserem Jahrbuch alte und junge Autoren, literarische und wissenschaftliche Beiträge publiziert werden. Wenn es einmal gelungen ist, die Neugründung zu festigen und ihre Arbeit in sichere Bahnen zu lenken, soll die Verantwortung an junge Wissenschaftler übergehen, die mit ihr vertraut sind, Ideen und Engagement mitbringen. Schon bei diesem ersten Jahresband des Archivs wurden sie deshalb an der Herausgeberschaft und redaktionellen Arbeit beteiligt.

Auch Sie, liebe Leserinnen und Leser, möchten wir gerne zur Diskussion über Literatur in Schwaben einladen. Wenn Sie selbst einen Beitrag verfassen wollen oder Autor von literarischen Schriften, Mitarbeiter an einem kulturellen Ereignis oder an einem Forschungsprojekt sind, suchen wir den Kontakt zu Ihnen. Vielleicht haben Sie auch einfach nur interessante Anregungen, Informationen, Tipps, für die wir jederzeit offen und dankbar sind.

Hans Wellmann

Auf der Suche nach einem Namen:

»Schwabenspiegel«

(hw) Das Jahrbuch hat diesen Namen bekommen, weil es sich vor allem mit Schwaben beschäftigt, insbesondere mit der Kultur im Bezirk Schwaben (in Bayern). Die Geschichte des Kompositums »Schwabenspiegel«, das z.T. auch von anderen Stellen bei der Berichterstattung über die Region verwendet wird, geht bis ins 13. Jahrhundert zurück. Damals ist die berühmte Sammlung »codex juris suevia« (mittelhochdeutsch) entstanden, die dem noch älteren (mittelniederdeutschen) »Sachsenspiegel« gegenüberstand. Der alte »Schwabenspiegel« hat aufgezeichnet, was hier (Land-)Recht und Ordnung war. Aber: unser neues Jahrbuch soll über den Bereich »Literatur, Sprache und Spiel« in jenem Teil von Schwaben berichten, der in der renommierten alemannisch-schwäbischen Zeitschrift »Allmende« bisher vernachlässigt worden ist.

Nun, der *Schwabensprung* ist, wie das Grimmsche Wörterbuch nachweist, eben auch »eine reise über eine kleine strecke«; es kommt nur darauf an, was man auf dieser Strecke alles sehen und erleben kann.

Archiv für Literatur aus Schwaben (ALS)
Aufgaben des neuen Literaturarchivs

(hw) Im Herbst 1998 habe ich manchen Nachmittag im Keller der Staats- und Stadtbibliothek Augsburg zugebracht. Dort lagerte seit 1992 der Nachlass von Arthur Maximilian Miller, in 44 Kisten verpackt. Was ich in ihnen vorfand, hatte einen so immensen Umfang, dass mich meine Frau bald bei der Sichtung der Quellen unterstützte. Auf diesen Fundus hatte uns vor Jahr und Tag Herr Dr. Simnacher aufmerksam gemacht, ich glaube, es war auf einer Jubiläumssitzung der Universität Cernowitz. Die Vorarbeiten im Keller der Staats- und Stadtbibliothek haben ergeben, dass das bis dahin unbeachtet gebliebene Material text-, stil- und literaturwissenschaftlich ergiebig ist.

Daraufhin haben Herr Dr. Simnacher und die Arthur-Maximilian-Miller-Stiftung uns die Bearbeitung des Nachlasses übertragen. Der Bezirk und die Universität Augsburg haben es ermöglicht, in der Eichleitnerstraße eine Forschungsstelle einzurichten, in der diese Quellen und weitere Nachlässe aus Schwaben genauer untersucht werden können. Wenn bei der Arbeit die folgenden Gesichtspunkte in den Vordergrund rücken, hat das nicht nur mit der Quellenlage, sondern auch mit meinem germanistischen Fachverständnis zu tun:

1) Zur Literatur habe ich immer den Zugang über die stilistische Betrachtung (und Analyse) gesucht. Es ist vielleicht der sicherste Weg zur Sprachästhetik. Von diesem Ansatz sind auch meine bisherigen Studien über Oswald von Wolkenstein, Georg Trakl, Franz Grillparzer u.a. bestimmt. Der stilistische Weg zur Literatur ist mir nicht nur von meinen akademischen Lehrern, Prof. Dr. Hugo Moser und Prof. Dr. Johannes Erben, vermittelt worden, sondern auch durch die jahrzehntelange Beschäftigung mit der Germanistik Osteuropas und Russlands, in der die Stilistik den klassischen Weg zeigt, Studenten Verständnis für literarische Texte zu vermitteln. Zur stilistischen Analyse lädt der Nachlass Millers nun in vieler Hinsicht ein. Er erlaubt es z.B., die Entstehung von Werken wie dem »Eschenhammer« durch alle Stadien hindurch zu verfolgen und aus der Sicht des Verfas-

sers zu analysieren, insbesondere aufgrund der vollständig erhaltenen Tagebuchaufzeichnungen und Briefe.

2) Der Nachlass ist im Sinne eines erweiterten Literaturbegriffs sehr ergiebig. Er enthält Textarten, die von der Textlinguistik bis heute nicht behandelt worden sind, wie das Schattenspiel, und er bietet viel Material zu Textarten, die bisher von ihr vernachlässigt worden sind, wie das Feature, das Bauernstück oder neuzeitliche Fastnachtspiel.

3) Der umfangreiche Briefnachlass ist aufschlussreich, nicht nur aufgrund der Briefpartner (G. von le Fort, C. Zuckmayer, P. Dörfler, J. Bernhart usw.), er ist auch thematisch interessant. Eine Studentin hat z. B. die Briefe gefunden, in denen zahlreiche Dialektautoren sich mit den sprachlichen Möglichkeiten und Grenzen des »Mundartmärchens« auseinandersetzen.

4) Der Nachlass von A. M. Miller ist vollständiger als irgend ein anderer, der mir bekannt ist. Der Autor hat alles, was er vom 20. Lebensjahr an erlebt, gedacht und geschrieben hat, vollständig dokumentiert. Deshalb wird Arthur Maximilian Miller auch mit Recht in der Ausstellung »Gesammelte Zeiten« in Kloster Oberschönenfeld ein eigener Bereich gewidmet.

Dieser Nachlass erlaubt es, ein Projekt »Philologische Lebensgeschichtsforschung« zu begründen, mit dem sich D. Winiger beschäftigt hat. Den Anstoß dazu hat Wittgensteins Konzeption der »Sprache als Lebensform« gegeben.[1]

---

1 »Sich eine Sprache vorstellen, heißt sich eine Lebensform vorstellen« (Ludwig Wittgenstein). Von daher entwickelt der Philosoph seine Theorie von der Bedeutung des sprachlichen Ausdrucks als Ergebnis seines individuellen Sprachgebrauchs. Die Bedeutung einer Äußerung ist danach nicht nur in seiner individuellen sprachlichen Verwendung zu suchen, die im Kontrast zum allgemeinen Usus stehen kann, sondern letzten Endes auch in der Individualität des Sprechers, in seinen Lebensumständen, seiner Lebens- und Denkweise, die durch die Familie, Umgebung, Zeit und Handlungsfelder (z. B. des Berufs) geprägt worden sein können. So erhält der sprachliche Ausdruck durch den einzelnen Sprecher oder Schreiber ein Mehr an Bedeutung, als diesem Wort als einem Element des Sprachsystems und seiner Funktionen (wie sie das Wörterbuch wiedergibt) von Haus aus zukommt. Die Idiolektforschung ermittelt davon ausgehend dann weiter, was den sprachlichen Aus-

5) Die Vielfalt des Nachlasses lädt auch Forscher anderer Bereiche zur Mitarbeit ein, neben den Literaturphilologen z. B. die Kunstpädagogik (den »Scherenschnitten« Millers soll im nächsten Jahr eine eigene Ausstellung gewidmet werden), die Didaktik der deutschen Sprache und Literatur (etwa im Hinblick auf die Schulstücke und Jugendliteratur des Volksschullehrers A. M. Miller), die Volkskunde (etwa im Hinblick auf Millers historische Studien zur schwäbischen Heimat); die Religionsforschung, jedenfalls insofern, als das ganze Werk des Schriftstellers A. M. Miller von den religiösen Erfahrungen geprägt ist, die ihm die Beschäftigung mit anderen Kulturen des Abendlandes, Ägyptens, Chinas usw. vermittelt hat.

Die Gegenstände bestimmen die wissenschaftlichen Methoden ihrer Erforschung: Biographische Arbeit bei der Erschließung seines Lebenswerks; die bibliographische Erhebung der Quellen im Hinblick auf die Entstehung literarischer Werke; die philologisch-historische Untersuchung der Textentstehung; die editionskritische Untersuchung und Kommentierung der vorliegenden Manuskripte und verschiedener Druckauflagen; bei der Analyse der Texte dann im Mikrobereich die klassischen Verfahrensweisen der Stilanalyse, im Makrobereich die Techniken der Textlinguistik.[2]

---

drucksosmos des Einzelnen an rekurrenten Strukturen und Elementen ausmacht, besonders insoweit es als Ausdruck seiner Individualität und Schreiberpersönlichkeit interpretiert werden kann – wenn es darum geht, ›einen Menschen durch seine Sprache zu verstehen‹.
Diese Konzeption der Sprache als Lebensform hat zwei Seiten: Prägend wirkt natürlich zunächst die »äußere« Lebensform eines Sprechers/Schreibers, die seine Sprache im Wortschatz, aber auch im Satzbau und Stil bestimmen, also die Familie, die Wohngegend, die gesprochene Sprache der Region, die erworbene Bildung, Einflüsse des beruflichen Milieus und auch von Aufenthalten in der Ferne (z. B. bei Reisen).
Die »innere« Lebensform spiegelt sich in dem, was man zum Stil der Persönlichkeit, zu seiner charakterbestimmten Individualität rechnet. Erkennbar ist das an der Art und dem Grad der Auswahl, die er aus der Vielfalt verfügbarer Ausdrucksmöglichkeiten und Varianten trifft, und an dem »Willen«, seiner Fähigkeit zur Konzentration und an der Konsequenz, mit der er seinem »Ich« Ausdruck in schriftlicher Form verleiht.
2 Die Stilanalyse, wie sie hier verstanden wird, ist durch verschiedene Richtungen der Linguistik angeregt, insbesondere durch die Rhetorik,

Wenn der Vertrag zwischen der Universität Augsburg und dem Bezirk Schwaben Voraussetzungen für die wissenschaftliche Erschließung des Nachlasses Arthur Maximilian Millers schafft, so kann damit auch ein Fundament für weiterführende Erhebungen und Studien zur Literatur unserer Region gewonnen werden. Diese Art der Regionalforschung ist aktuell, nicht nur in Deutschland und Österreich, sondern z. B. auch in Frankreich, Italien und Tschechien.

Besuchen Sie das »Archiv für Literatur aus Schwaben« (ALS) unter www.schwabenliteratur.de !

---

die Textlinguistik, die Pragmatik, aber nicht mit ihnen gleichzusetzen. Vielmehr wird sie durch Leitfragen wie die folgenden bestimmt: Was wird vom Autor ausgewählt, und welche Ausdrucksmittel verwirft er? Was bestimmt seine Auswahl, und inwieweit ist sie vom vorliegenden Zusammenhang und der gegebenen Sprechsituation/Schreibsituation abhängig? Was verwendet der Autor häufig, was selten (»Stilstatistik«)? Was hat den erkennbaren Stilwillen des Autors geprägt, und inwieweit ist er als Ausdruck seiner Persönlichkeit erkennbar (Le style c'est l'homme)? In welchem Verhältnis steht die Art der Darstellung zum Wissens- und Erwartungshorizont des Publikums (»Rezeptionsstilistik«)? In welchem Zusammenhang steht die Auswahl der verschiedenen Stilmittel, und inwieweit sind sie durch das Thema eines Textes, durch die Strukturen der Personen und Handlungen usw. bestimmt (»Funktionalstilistik«)? Mit welchen Traditionen und Normen stimmt die gewählte Darstellungsform überein, und wo weicht sie auffällig von ihnen ab (»Abweichungsstilistik«)? Inwieweit ist die Darstellung durch ästhetische Gesichtspunkte und Muster bestimmt, die Poetiken festlegen (»stilistische Ästhetik«)? Welche Kontraste zeigt der Text, der untersucht wird, zu themenverwandten Texten anderer Autoren oder Traditionen (»Stil als Stilgeschichte«)?
Eine so verstandene, von Rhetorik, Textlinguistik und Pragmatik abgegrenzte Stilistik sucht den Wortlaut des vorliegenden Textes, seine Bedeutung und seinen Sinn zu erfassen, einmal für sich, dann aber auch im Text-, Handlungs- und Lebenszusammenhang, und auch im Vergleich mit anderen Texten der Zeit und der Literaturgeschichte, die sich mit der gleichen Thematik beschäftigen. Nach: Hans Wellmann (Hg.): Grammatik, Wortschatz und Bauformen der Poesie in der stilistischen Analyse ausgewählter Texte. Heidelberg 1998, S. 16 ff..

Neue Prosa

Der Schrecken Süße

Ausschnitt aus der Photonovelle von
Günter Herburger

Denken und Fühlen sind eins, dazwischen sitzen Arbeit und Belustigungen, ein unablässiger Strom mit Untiefen, jähen Gefällen, aus denen es donnert und gischt, dazu gibt es stille Löcher und sonnenbeschienene Ränder.
Entspricht das Rollen über Fugen einer Autobahn dem fernen, noch unbekannten Versmaß? Entwickeln sich beim Zerkauen fetter Brocken oder während des Hinunterstürzens beruhigender Wassermengen die Schlingen angenehm tückischer Relativsätze? Dramaturgischer und intellektueller Fleiß benötigen, als Unterfutter, stets Realität, Wirklichkeit, sonst könnte sich Phantasie etlicher Abarten sowie utopischer Gebilde nicht bemächtigen. Was immer wir erleben, wird sortiert, vergessen, um bald oder in Zukunft, die dann auch wieder wegrutscht, benützt zu werden. Ich liebe es zu spielen, ob an einem Hang, im Bett zwischen aufgehäuften Büchern oder eingeschlossen in die Horde, das Kampfrudel meiner Familie, deren hysterisches, zugleich diszipliniertes Mitglied ich gerne bin.
Es wäre gleichgültig, ob ich einen finnischen oder einen italienischen Pass hätte, zuhause fühle ich mich in meiner Muttersprache wohl, auch in deutschen Konjunktiven. Es sind deren sieben Stück, eine verläßliche Quelle der Inszenierungen.
Mein Beruf ist voll märchenhafter Neigungen. Da ich ihn fortführe bis zum Sarge, wird Heimat bleiben.

Das ist die Höll', wo wir in einem Gumpen (Wasserloch) immer wieder baden. Die Steilwand darüber ist nicht aus Fels, sondern sandig unersteigbar. Ich siedelte in ihr einen Eremiten an (Flug ins Herz, I). Später kam eine Horde behinderter Kinder vorüber, nahm den Verpichten mit in ein Wunschgehöft.

Der Baggersee, erst eine Generation alt. Früher lagen um ihn Nackte, gepeinigt von Bremsen (Stechfliegen), oder Bauernburschen, bevor sie abends zum Melken in ihren donnernden Opeln nach Hause fuhren, versenkten Bierkästen im frostigen Wasser, pieselten ungeniert vom Ufer weit hinaus. – Vorbei! Die Restauration kehrte selbst dort ein.

Am Rand von Neubausiedlungen gibt es, gottlob, wieder Zerfall, Ermüdungen im ungeschorenen Rasen. Wildwuchs keimt, Hoffnungen sprießen, Kompost schwelt. Nur derart entstehen Gedichte, Epen, Romane, Erzählungen und Briefwechsel.

Das ehemalige Reichsstädtchen Isny; hätte ich den Photoapparat nur einen Millimeter nach Westen gerückt, wären Hochhäuser in Sicht geraten, deren Placeboadresse lautet: am Moos.

Der südlichste Zipfel Deutschlands, das Allgäu, ist undramatisch und begrast. Von den 37 Blumen, die früher wuchsen, erringen kaum mehr welche Luft; zu viel Gülle, Odel, Jauche. Aus dem Dunst ragen österreichische und Schweizer Berge, die wir, vor allem mein Großvater, einziger Mann, dem ich je vertraute, erstiegen. Allerdings waren nach dem letzten Krieg bessere Stiefel knapp.

Die Photonovelle »Der Schrecken Süße« von Günter Herburger ist 1999 im Münchner A1-Verlag erschienen (ISBN 3-927743-45-3), der uns freundlicherweise die Photos zur Verfügung stellte.

Neue Prosa

Aktentaschenverleih

Martin Oswald (Die Mehlprimeln)

Sie kennen die Situation: täglich tragen und fahren Sie dieselbe schwere Aktentasche von der Wohnung zum Arbeitsplatz und zurück, ohne sie nur einmal geöffnet zu haben. Schon oft haben Sie mit dem Gedanken gespielt, diese Tasche einfach daheim zu lassen – oder noch besser – gleich am Dienstort abzustellen. Doch Sie haben den Gedanken bald wieder verworfen: das war gut so, denn die Kritik des Vorgesetzten (»wo ist die Tasche?«) und die verwunderten Blicke der Kollegen hätten Sie nur allzubald getroffen.
Jetzt bieten wir Ihnen die Lösung zu diesem Problem: den Aktentaschenverleih. Und so funktioniert es: wir überreichen Ihnen unweit des Arbeitsplatzes an einem vereinbarten Ort Ihrer Wahl, z. B. Toilette, Capuccino-Bar, also möglichst in der Nähe des Arbeitsplatzes, den Miet-Akten-Koffer. Wahlweise völlig leer oder sinnvoll bestückt. Ihre positive Ausstrahlung, das Gefühl von Leichtigkeit wird sich bald auf die ganze Belegschaft auswirken. Zur Auswahl bieten wir Ihnen mehrere Modelle:

- Modell »A« in abgewetztem Schlichtleder für das engagierte Arbeitstier. Federleicht, da völlig leer und doch höchst repräsentativ ist er ein beredtes Zeugnis Ihrer Arbeitsleistung, das bald die uneingeschränkte Beachtung Ihrer Mitarbeiter finden wird.
- Modell »Mittlere Laufbahn«: ein seriöser Aktenkoffer in Kunstleder mit 1,8 kg neutraler Blechfüllung.
- Das Modell »Aufsichtsrat« mit Handy und Anrufgarantie weltweit.
- Das Modell »China« mit integriertem Kühlakku für höhere Organe.

- Immer praktisch: das Modell »Napoleon 2000«, die Weltneuheit, vor der auch Ihr Chef das Zittern kriegt. Eine Multifunktionstasche im Comeback-Design.
- Sie wollen sparen? Dann fragen Sie nach unserem etwas undichten Auslaufmodell »Castor« mit leichten Transportschäden, jetzt zum halben Preis.

Anruf genügt. Wir sind zur Stelle.

Neue Prosa

»Dahinab«

Peter Dempf

Luther drückte sich die Hauswände entlang. Er schwitzte, obwohl die Luft kühl und trocken war. Hätte er sich doch den Weg genauer erklären lassen oder ihn sich am Tag einmal angesehen. Jetzt, nachdem der Mond untergegangen war, schienen ihm die Gassen der freien Reichsstadt Augsburg wie mit Finsternis getränkt. Er erschrak und zuckte zusammen, als vom Dom her der Ruf des Nachtwächters erscholl: »Hört Ihr Leut und lasst Euch sagen … «
Luther wischte sich mit der feuchten Hand übers Gesicht und spähte in die Gasse hinein, aus der der Ruf erschollen war. Hätte er es sich nur sagen lassen, dachte er verzweifelt, hätte er es sich nur sagen lassen. Aber es drohte keine direkte Gefahr, der Nachtwächter nahm die entgegengesetzte Richtung. Luther stolperte weiter den Weg entlang und trat in der Finsternis in jede Kotpfütze und in jedes Loch.
»Herr Gott, hilf mir zum Stephinger Tor hinab«, flehte er beinahe unhörbar und bog einmal nach links ab, dann nach rechts, dann kehrte er wieder um, um einen anderen Weg zu versuchen. Luther ahnte, dass er sich im Gewirr der Gassen verlaufen hatte und kreuz und quer durch die Straßen irrte. Plötzlich trat er in eine Vertiefung des Wegs und rutschte aus. Knacken und Schmerz waren eins. Er hatte sich den Fuß vertreten. Humpelnd rettete er sich an eine der Hauswände, lehnte sich schließlich erschöpft dagegen und rieb sich den verstauchten Fuß gegen das andere Bein. Er schlug die Hände vors Gesicht.
»Herr, hilf mir aus dieser Verwirrung!«, betete er und hob seine Augen gen Himmel. »Zeig mir, dass meine Stunde noch nicht geschlagen hat.« »Pst!«, zischte plötzlich eine Stimme aus dem Dunkeln. »Dr. Luther, seid Ihr's?«

Luther schlug das Herz bis zum Hals. Wer rief da seinen Namen? Er richtete sich auf und spähte umher, konnte aber niemanden erkennen.

»Pst! Doktor.«

Die Stimme klang heiser und rau. Luther stellten sich die Haare auf, und er versuchte davonzuhumpeln. »Dr. Luther! jetzt lauft nicht davon! Ihr seid im St.-Gallus-Gässchen. Da geht's hinab!«

Luther blieb stehen und starrte in das Dunkel hinein, konnte aber selbst nach einigem Bemühen nur die Umrisse der Gestalt erkennen. Schwarz und unheimlich stand sie da. Sie hüllte sich in einen weiten Mantel, und die Zipfel ihrer Kapuze standen wie Hörner vom Kopf ab.

»Herr, Hilfe solltest du mir senden, nicht den Satan«, flehte Luther innerlich. Lauter flüsterte er: »Wer seid Ihr?«

»Was tut's zur Sache, Doktor? Ein Bewunderer Eures mutigen Auftretens vor dem Reichstag und vor dem päpstlichen Legaten. Dem Cajetan habt Ihr den Schweiß auf die Stirn getrieben mit Euren Vorwürfen.«

Der Unbekannte lachte leise. Luther nickte und erinnerte sich, wie er im Haus des beinahe allmächtigen Fuggers auf den Kardinal und päpstlichen Legaten Cajetan getroffen war. Er hatte widerrufen sollen. Er hätte seinen Glauben verraten sollen, damit der Papst in Ruhe weiter seinen Sünden frönen und die Menschen belügen konnte. Nie und nimmer wäre ihm das eingefallen, und im Haus dieses Fuggers schon zweimal nicht, selbst als der Legat ihm angedroht hatte, ihn auf der Stelle verhaften zu lassen. Mit Geld konnte man sich vieles kaufen, nicht aber das Gewissen des Dr. Luther. Das war nur dem Glauben verpflichtet, nicht dem Gold.

»Ich bewundere Euren Mut, Doktor Luther, aber jetzt braucht Ihr einen Schutzengel. Folgt mir.«

Zielsicher schritt die Gestalt vor Luther den Berg hinab und zögernd humpelte der Doktor hinter ihr her. Plötzlich weitete sich die Gasse und vor ihnen stieg ein Torturm auf, der rabenschwarz einen Scherenschnitt in die Sternenfülle des Himmels zeichnete.

»Wir sind da. Da hinab, Doktor Luther!« Der Unbekannte wies auf den Torturm. »Die Pforte am Stephingertörlein ist offen. Der Wärter erwartet Euch bereits. Vor dem Tor findet Ihr einen Esel. Ich hoffe, wir sehen uns wieder. Behüt Euch Gott.«
Der Unbekannte drehte sich um, ohne den Gegengruß abzuwarten und verschwand zwischen den Gassen.
»Dank Euch Gott« murmelte Luther und humpelte zum Tor hinunter.
Tatsächlich fand er dort einen Wärter, der ihm stumm die Pforte aufstieß. Der faulige Geruch des Grabens stieg ihm sofort in die Nase, und mit dem ersten Grau des Morgens, das sich über das Lechtal spannte, begann der Esel zu schreien.
Luther nahm das Tier am Zügel, stieg auf und ritt davon. Noch bevor die Stadt hinter Büschen und Bäumen verschwand, drehte er sich um und sah zu den Mauerzinnen empor. Er glaubte dort eine Gestalt winken zu sehen, gehüllt in einen schwarzen Mantel. Wer immer das gewesen sein mochte, er jedenfalls würde die Nacht vom 20. auf den 21. Oktober 1518 nie vergessen.

Erläuterung

Martin Luther musste sich 1518 seiner Lehre wegen vor dem Reichstag in Augsburg verantworten. Auch der päpstliche Legat Cajetan war gekommen, um Luther zum Widerruf zu bewegen. Als Luther nach einem persönlichen Gespräch mit Cajetan aber beharrlich an seiner Kritik der katholischen Papstkirche festhielt, musste er um sein Leben fürchten. Der Ratsherr Langenmantel bat ihn, die Stadt heimlich zu verlassen. Luther floh bei Nacht und Nebel vermutlich aus dem Klinkertor. Langenmantel soll es auch gewesen sein, der Luther dort mit gesatteltem Pferd oder Esel erwartet hat. Erst ein Augsburger Bürger namens Thaler, der unweit des Stephinger Tores wohnte, verewigte Luthers Flucht und schürte die Sage, indem er an seinem Haus zwei Figuren anmalen und darüber die Worte anbringen ließ: »Da hinab!«.

Diese Kurzgeschichte ist Teil des in diesem Jahr im Wißner-Verlag erschienenen Bandes »Sagenhaftes Augsburg. Geschichten einer Stadt« von Peter Dempf (ISBN 3-89639-227-1).

Neue Prosa

Sonnentomaten

Claudius Wiedemann

Ch. Haufe war auf dem kleinen Schildchen zu lesen. Seit einigen Jahren mußten alle Angestellten diese mit einer Sicherheitsnadel an ihrer Schürze befestigten Namensschilder tragen. »Da kommt Persönlichkeit rüber! Unsere Kunden wollen wissen, mit wem sie es zu tun haben!« Diese zwei Sätze, und keinen mehr, hatte Filialleiter Hunzinger auf Weisung der Geschäftsleitung damals an die versammelte Belegschaft gerichtet, bevor sie alle wieder wie an jedem Morgen pünktlich um halb neun an ihre Arbeit gegangen waren. Frau Haufe nahm ihren Platz an Kasse vier ein. Obgleich sie gerade mal die Dreißig überschritten hatte, tippte sie, wenn auch nicht immer an derselben, so doch seit nunmehr über zehn Jahren in einem großen Supermarkt an der Kasse die Preise ein. Das Ch. stand für Charlotte, was jedoch keine ihrer Kolleginnen wußte. Nicht ein einziger Kunde hatte jemals danach gefragt. Längst hatte sie aufgehört, die Menschen zu beobachten, ja überhaupt wahrzunehmen. Ihr »Grüß Gott« und »Auf Wiedersehn« hörte sie seit Jahren ebensowenig wie das endlos monotone Summen des Rechenwerks der Registrierkasse.
Die meisten Preise kannte sie auswendig. Einmal hatte sie davon geträumt, bei dieser Spielshow teilzunehmen. Wenn jemand die Preise für Zucker, Wattestäbchen oder Gummibärchen kannte, dann war sie es. Das Haus hätte sie sich gar nicht gewünscht. Auch die Reise hätte sie nicht interessiert. Nein, der Farbfernseher mit Großbildschirm hätte ihr vollauf genügt. Sie hatte sich bereits die Abende ausgemalt. Die Löwen wären plötzlich zweimal so groß wie bisher. Und Johnny Depp auf ihrem Wohnzimmerteppich, beinahe in Lebensgröße, nur drei Meter von ihr entfernt, mit bloßem Oberköper.

Sie hatte sich vertippt. »Storno! Kasse vier!« Wie immer wurde dann die Kundschaft ungeduldig. »Einmal, wenn ich es eilig habe«, murmelte eine ältere Dame laut genug vor sich hin. Frau Haufe wußte auch, was ihr Filialleiter Herr Hunzinger sagen würde, während er den irrtümlich falsch bonierten Betrag wieder stornierte. »Das kostet Zeit und somit letztlich Geld« war ein Spruch neben vielen anderen, den alle Kassiererinnen kannten. Hatte sie sich früher in solchen Fällen bloßgestellt und verletzt gefühlt, so hörte sie auch hier heute längst nicht mehr hin. Hunzinger kam, blickte kurz lächelnd auf den Herrn im Sakko, steckte seinen Schlüssel in die Kasse und warf ihr einen verächtlichen Blick zu, während er auf Storno umschaltete. Charlotte tippte den falschen Betrag abermals ein und Herr Hunzinger konnte sein Schlüsselchen wieder herausnehmen. »Das kostet Zeit und somit letztlich Geld.« Mit einem kurzen, wiederum freundlichen Blick auf den geduldig wartenden Kunden eilte er zurück in Richtung Büro.

Charlotte hatte bereits die Unterlagen für die Show angefordert. Als sie jedoch gelesen hatte, dass ein Photo im Abendkleid oder Bikini beizulegen sei, hatte sie die Papiere kurzerhand in den Mülleimer geworfen. Erst gestern während ihrer Mittagspause hörte sie, wie zwei Männer abschätzig über sie sprachen. Dabei war »Rubensbacke« noch eher harmlos. Nein, Charlotte war nicht sehr attraktiv und in der Tat höchst übergewichtig, aber sie deshalb ständig beleidigen zu wollen oder mit verächtlichen Blicken zu strafen, war eine böswillige Ungerechtigkeit. Noch nie hatte sie sich darüber beklagt. Hätte sich auch nur einmal einer für sie interessiert, so hätte er Charlottes aufrichtiges und freundliches Wesen sofort erkannt und zu schätzen gewußt.

Eine halbe Stunde, und dieser Arbeitstag wäre auch überstanden. Sie tippte noch die Dose Sonnentomaten, drückte dann auf »Summe« und am Display der Kasse schien in orangefarbenen Ziffern viermal die Sieben auf. Siebenundsiebzig Mark siebenundsiebzig. »Das haben Sie ja toll hingekriegt. Bringt Ihnen Glück«, sagte die Kundin, während sie in ihrer Geldbörse nach den passenden Münzen suchte. »Besser als ein Sechser im Lotto«, rief ihr der junge, gutaussehende Geschäftsmann zu. »Da müssen sie sich was wünschen, Frau Haufe, soviel Glück hat nicht jeder«, schallte es von ihrer neuen Kollegin von Kasse fünf herüber. »Charlotte, ich heiße Charlotte.« »Na denn mal los, wünsch dir was«; sie lächelte Charlotte freundlich an. Jetzt erst bemerkte Charlotte, wie alle in der Schlange sie freudig und erwartungsvoll anblickten. Selbst der ältere Herr, der zweimal die Woche kam, stets schlecht gelaunt, selbst er blickte sie jetzt freudig an. Sogar bei Herrn Beßwieser, der gerade vorbeikam, glaubte sie, ein zögerliches Lächeln, das ihr gegolten haben könnte, wahrgenommen zu haben.

Dann, nach einer kurzen Pause – fast schien es, als wäre die Zeit stehengeblieben – begann Charlotte mit dem Eintippen der nächsten Ware. Natürlich hatten alle gehofft, sie würde ihnen verraten, was sie sich gewünscht hatte. Aber woher hätten sie auch wissen sollen, daß Charlottes Wunsch bereits in Erfüllung gegangen war.

Lyrik

Stefan Monhardt

ELSTER

der schritt der elster der eben noch war
und stockt sich ängstigt
sich sammelt ein randloses auge
kein weiß sich zu scheiden von ihm

der schritt der stockte der wußte
vom nächsten schritt ununterscheidbar
der ort hier

nicht raum der ereignisse
eher die grenze unserer blicke und schritte
zitternde membran undurchdringlich
kein außen sich von ihr zu scheiden.

ENDLICH hältst du meine wahre gestalt fest

du wirst mich verwandeln

und ich werde fliehen.

ABSCHIED

wenn die stadt sich beruhigt
erkenne ich die pause wieder die

einzig zu erzählen ist
die dächer im halben schatten

die sinnlosen blicke
bei stockender fahrt

jetzt viel später halte ich die gelungenen
momente auseinander

als hätten sie mit mir mit dir nichts mehr zu tun
mit der rasenden flucht über die dächer.

WINTEREINGANG

erst war alles sicher

dann verwies man dich auf die bewährten proben
dunstigen horizont morgens
den zusammenhang von augenfarbe und charakter
das sich in den arm kneifen

du lerntest
dich zwischen den entlaubten baum und
das fröstelnde herz zu stellen
und ich zu sagen

ich betrat die noch niemals
berührte harsche fläche
und wußte daß sie sich jedes jahr erneuert.

Stefan Monhardt, geb. 1963 in Calw, Lyriker, Essayist, freier Regisseur und wissenschaftlicher Mitarbeiter für Gräzistik an der Humboldt-Universität Berlin, ist Gewinner des Irseer »Pegasus«-Preises 2000.

Die Gedichte »Abschied« und »Wintereingang« sind bereits im »Passauer Pegasus«, Heft 34/35 (1999/2000) erschienen.

Lyrik

Christian Krug

ICH LAUSCHE IN
dein Ohr hinein
und
höre das Rauschen
des Herzens
höre brandende
Sehnsucht
höre das Fließen
das uns zueinander
treibt.

Der Kuss

Wenn Farben einander
sich zuschmelzen
und Rot zu Rot sich vereint
haben unsere Lippen
zur Leinwand verwoben
die Liebe gemalt.

Herbstgedichte aus literarischen Nachlässen

Walter Fick

Ried im Herbst

Rosarote Farben
singen ein Lied,
silberne Teiche
liegen im Ried.

Birken kämmen
ihr langes Haar
in ihrem Spiegel
helle und klar.

Schwärme von Vögeln
kreischen und ziehn
weit nach dem Süden
über uns hin.

Tief kost der Mittag
das ruhende Land
wie schimmernde Seide
die schmeichelnde Hand.

Säume von Wolken,
der Himmel blaut
wie glitzerndes Gold
überm Heidekraut.

Krähen vor dem Klinikfenster

Schwarze Flügel
wie Todesschreie
auftauchend aus dem milchigen Morgen

riesengroß
einzeln
und in Gruppen
sich schwingend
entfernend
lautlos
gierig
nach Brocken schnappend
Tanz schwarzer Schleier.

Dieses Gedicht entstand im Februar 1992, kurz vor dem Tod von Walter Fick.

Arthur Maximilian Miller

November

Wie Blätter, die, vom Sturm herangeweht,
am Fenster kleben – noch ein letztes Mal
strahlt ihre Klarheit auf –,
so hängen meine Verse
am eisigen Kristall der späten Welt.

Man wischt sie weg, und auf der nassen Erde
vermodern sie, als hätte Gott sie nicht
zum Sinnbild seiner Herrlichkeit erschaffen.

Doch ein Engel nimmt ihren Glanz
in seine frommen Hände und trägt ihn
an die Statt, wo es Augen ihn anzuschauen gibt.
Laß sein, laß sein, die Stunde ist gekommen,
da nichts mehr reift.

Wer wäre der Tor,
der von dem eisigen Mond
heischte den beglückenden Zweig
der Kirsche?
Wer wäre der Träumer,
der von gefrorener Quelle
fordern wollte den Lauf,
das liebliche Plaudern des Frühlings?

Eiszeit ist es, und Beilzeit
und Zeit des Todes.
Verhülle du mit dem Linnen dein Haupt
und ducke dich nieder ins Schweigen.

Das Portrait

Erwin Holzbaur aus Mindelheim

Ein Mann mit vielen Talenten

(ik) Erwin Holzbaur wird 1927 in Mindelheim als Sohn eines Malermeisters geboren. Nach dem Abitur 1944 wird er von 1949 bis 1955 in München bei Prof. Hermann Kaspar an der Akademie der bildenden Künste in freier Malerei und Grafik ausgebildet. Bereits 1953 wird er als Kunsterzieher an das Maristenkolleg berufen, wo er 35 Jahre lang tätig ist. In seiner Heimatstadt ist er 40 Jahre lang in der Kommunalpolitik gegenwärtig, als Stadtrat, zwei-  ter Bürgermeister, Kreisrat und Betreuer der Museen. Seit 1997 ist Holzbaur im politischen Ruhestand – doch er nimmt sich nach wie vor der Künste und Museen in Mindelheim an.

Die Stadt Mindelheim hat in ihrer Geschichte mehrere herausragende Persönlichkeiten hervorgebracht. Eine von ihnen ist Erwin Holzbaur. »Fügungen« nennt er die Aufgaben, die er im Laufe seines Lebens übernommen und mit viel Engagement ausgeführt hat. Doch es war bei weitem nicht klar, dass aus dem schmächtigen und schüchternen Kind einmal ein großer Förderer der Künste und Museen in seiner Heimatstadt werden würde. Am Anfang seines Weges spornte ihn sein Vater, selbst Maler, an, wie der untenstehende Wortlaut zeigt, und auch Prof. Hermann Kaspar von der Akademie der bildenden Künste in München stand ihm zur Seite. Sein Vorstellungsgespräch bei ihm beschreibt Holzbaur folgendermaßen: »Groß, so dicke Brillengläser – seh' ich ihn noch wie heute – und ich wie ein Zwerg daneben, immer kleiner werdend.« Dennoch wurde Holzbaur Schüler bei Kaspar.

> Eines Tages kommt der Benefizialrat, Johann Baptist Götz zu meinem Vater und sagt: »Also wir haben vor, an Weihnachten das kleine Weihnachtsspiel für die Kinder von Mindelheim zu spielen. Und da brauch' ich ihren Sohn.« Die ham alls scho auskartelt g'habt. I hab von meim Glück gar nix g'wußt und mußt den Heiligen Josef spielen. Und dann hab i also ganz trotzig zu meinem Vater gsagt: »Also des mach i net, des kann i net. I kann net vor der Öffentlichkeit auftreten.« Mei Vater, der war recht handsam, der hat halt g'sagt: »Und du machsch des! Probiers! Mehr als schiefgehen kann's net!« Legt mir also den Durchschlag von diesem Weihnachtsspiel hin und sagt: »Do lernsch jetzt auswendig die Rolle von dem Heiligen Josef.«

Seine künstlerischen Fähigkeiten beweisen sich beispielsweise in der Hochaltarretabel der Pfarrkirche in Mindelheim oder in den Friesen, die er für das Maristenkolleg in Mindelheim anfertigte. Auch der Sitzungssaal des Landratsamtes Unterallgäu wurde von ihm ausgestaltet. Doch, sagt er, sei er auch derzeit am »Arbeiten, Pinseln und Zeichnen«. So wurde er beim diesjährigen Frundsbergfest wieder mit einem Skizzenblock unter dem Arm gesehen (vgl. Titelblatt!).

Erwin Holzbaur: Kreuzwegstationen in der Studienkirche der Maristen-Schulbrüder in Mindelheim 1978. Entwurf und Ausführung in Tempera-Malerei auf Kreidegrund von Erwin Holzbaur (Schriftfelder in Silber).

Kinder zur Kunst erziehen

Der Direktor des Maristenkollegs erkannte schon früh seine Talente und engagierte ihn noch während der Studienzeit als Kunsterzieher. Seine Aufgabe hat Holzbaur darin gesehen, »die in den Kindern liegenden Kräfte kindgerecht zu wecken und die Fähigkeiten in den jungen Leuten vor allem in der schwierigen Phase der Pubertätsjahre durch eigenes Tun und Experimentieren zu stärken und zu fördern.« Dies könne nur geschehen, wenn man jeden Tag als Chance sehe. In diesem Punkt war er sich einig mit Arthur Maximilian Miller, ebenfalls ein Sohn Mindelheims und Volksschullehrer.

> I hab mi immer für Kinderzeichnungen interessiert, hab sie auch g'sammelt, weil mi deren Ursprünglichkeit so fasziniert. So, und jetzt komm' mer zum Arthur Maximilian Miller. Er zeigte mir seine wunderbaren Schülerarbeiten aus der einklassigen Volksschule in Kornau und da hab i mir dacht: Des muß ein Lehrer von Format sein, der solche Schülerarbeiten mit einfachsten Mitteln herausbringt. Und i seh heut no diese einklassige Stube, holzverschalt und mit grüner Ölfarb rausgstricha, und da waren dann die Schülerzeichnungen auf die Wände geheftet.

Immer wieder hat Holzbaur Stücke des Heimatdichters Miller in Mindelheim aufgeführt, beispielsweise das »Weihnachtsspiel« oder »Georg von Frundsberg«. Von den 50er Jahren bis zum Tod Millers tauschten sich die beiden Künstler häufig aus. Als Miller wegen Krankheit im Alter keine Lesungen aus seinen Büchern mehr vornehmen konnte, ist oft Holzbaur eingesprungen. Zuerst las er die »Schwäbische Weihnacht« für ihn und »danach kamen Lesungen landauf, landab in Schwaben, sowohl schwäbische Texte wie hochdeutsche.« Das ist bis heute so geblieben.

Ein Förderer der Mindelheimer Museumskultur

Auch die Geschichte der Museen Mindelheims ist eng mit dem Namen Holzbaur verbunden. Zunächst übernahm er von seinem Vater die ehrenamtliche Leitung des Heimatmuseums. In den 80er Jahren wurde für die Textilsammlung von Prof. Hilda Sandtner ein Textilmuseum eingerichtet. Um die wertvolle und umfangreiche Sammlung unterbringen zu können, musste Holzbaur seine Idee »Unterallgäu-Galerie« aufgeben. Der Ruf Mindelheims als Museumsstadt wurde noch gestärkt durch die Eröffnung des Schwäbischen Krippenmuseums, des Südschwäbischen Vorgeschichtsmuseums und des Turmuhrenmuseums, für die er hauptsächlich verantwortlich war. Noch heute nimmt sich Holzbaur ihrer an. Immer wieder werden Sammlungen verändert und neu angeordnet, und so heißt es auf die Frage, wo denn Herr Holzbaur zu finden wäre: »im Museum«.

Die Einrichtung insbesondere des Textilmuseums hat ihn in Kontakt zur Universität Augsburg gebracht. Die heutige Inhaberin des Lehrstuhls für Kunstpädagogik, Fr. Prof. John-Winde, unterstützt die Mindelheimer bei ihren Ausstellungen.

Talente in Schwaben

Sehr weit reicht Holzbaurs künstlerische Bildung. Dies zeigt sich auch bei anderen schwäbischen Künstlern, Dichtern und Handwerkern. »Auffällig«, nennt Holzbaur, »dass es eine vielgestaltige Talentierung gibt«. Eingeschränkt wird dies dadurch, dass heutzutage die beruflichen Zwänge größer seien als früher. Bei ihm sei, so meint er, während der letzten Dienstjahre am Gymnasium, vieles liegengeblieben, was er erst seit seiner Pensionierung erledigen könne. Und so wünscht er sich, dass die Freiräume, gerade für die Lehrer, nicht allzusehr eingeschränkt werden, damit sie ihre Fähigkeiten besser einsetzen können.

Aufgrund der vielen Begabungen und Tätigkeiten Holzbaurs gratulierte ihm sein Freund Miller mit folgenden Worten zum 50. Geburtstag: »Du bist so vielfältig wie ein Baum, der mit immer neuen Ästen und Zweigen in den Himmel ausgreift, immer neue Knospen ansetzt und immer neue Früchte austrägt.« Dieses Bild beschreibt sehr treffend Erwin Holzbaur, den Mann mit vielen Talenten.

Autorentreffen und Preise

Literatur und Politik:
Der »Ingeborg-Bachmann-Preis« 2000

(hw) Dieser große österreichische Literaturpreis wird seit 1977 in Klagenfurt verliehen. Er ist gut dotiert (mit ca. 36000 Mark) und geradezu berühmt, besonders seitdem das Fernsehen (ORF, 3-Sat) den Wettbewerb überträgt. Drei Tage lang lesen die eingeladenen Autoren aus ihren Werken vor. Und die Kritiker diskutieren die Stärken und Schwächen.
Dieses Jahr drohte die Veranstaltung zu platzen. Kärnten wird ja von J. Haider regiert. Er ist der »Landeshauptmann«. Er hat sich auch zum Leiter der »Kultur« im Lande ernannt. Und zu ihrem Richter: »eine totgelaufene und sterile Veranstaltung« – wo doch genau das Gegenteil der Fall ist. Den Literaturpreis »Ingeborg Bachmann« des Landes Kärnten hätte in diesem Jahr ein Politiker überreicht, der – nach allgemeiner Meinung und nach Auffassung der Familie Bachmanns – dem Ansehen Österreichs in der Welt wie kein anderer schadet.
Deshalb wollten die Angehörigen der größten österreichischen Schriftstellerin den Eklat vermeiden. Vielleicht haben auch Haiders Wortattacken gegen österreichische Künstler zu ihrer Entscheidung beigetragen. Nach ihren eigenen Worten ging es vor allem darum, Haider nicht den »Ingeborg-Bachmann-Preis« überreichen zu lassen, – so lange, »bis wir davon ausgehen können, dass die Politik in diesem Lande nicht mehr beschämend sein wird und sich ihrer der Weltliteratur zugehörenden Autorin würdig erweist«. Haider entschied dann für das Land Kärnten, dass dessen Preisgeld einbehalten werde. Was nun? Zuerst gab es Pläne, den berühmten Literaturwettbewerb und die Verleihung des Ingeborg-Bachmann-Preises an einem anderen Ort zu veranstalten. Einige Privatleute hatten schon Geld für diesen Preis in Aussicht gestellt und auch der Österreichische Rundfunk bemühte sich von Anfang an darum, die große Tradition dieses Literaturwettbewerbs fortzuführen. Er hat sich auch im-

mer mehr als andere Rundfunkanstalten für die Förderung der Kultur eingesetzt. So kam es schließlich zu einem typisch österreichischen Kompromiss. Die Veranstaltung fand doch in Klagenfurt statt, den Preis aber vergibt die Landeshauptstadt Klagenfurt, deren Entscheidungen Haider nicht verhindern konnte. Auch der Name der Veranstaltung wurde geändert. Sie heißt jetzt : »Tage der deutschsprachigen Literatur«. Der »Preis des Landes Kärnten«, den Haider eingezogen hatte, wird durch den »Preis der Jury« ersetzt. Das Preisgeld stiftet die Firma »Telekom Austria«.

Es hat also lange gedauert, bis gesichert war, dass der große Literaturwettbewerb wieder in Klagenfurt stattfinden konnte.

Wer war diesmal der Sieger?

Den »Preis der Jury«, der in den Zeitungen dann doch einfach »Bachmann-Preis« hieß, gewann Georg Klein. Der Autor las aus seinem Roman »Barbar Rosa« vor, der nächstes Jahr erscheinen wird. Der neue Roman ist gut erzählt und spannend; fast eine Art Detektivgeschichte – mit literaturgeschichtlichen Anspielungen. Die Auszeichnung mit dem »Preis der Jury« beim Wettbewerb in Klagenfurt hat ihn auf einen Schlag bekannt gemacht. Georg Klein wurde 1953 in Augsburg geboren. Er hat das Peutinger Gymnasium besucht und an der hiesigen Universität Germanistik und Geschichte studiert. Die Erinnerungen an die Geburtsstadt klingen, wie er einmal gesagt hat, in der Schilderung mancher Straßen und Plätze nach. Sein erster Roman war »Libidissi« (1998). Für ihn erhielt G. Klein den Brüder-Grimm-Preis. Ein Auszug aus diesem Werk soll die Erzählgabe und Phantasie des Augsburger Autors veranschaulichen (siehe nächste Seite!).

Libidissi

Auszug aus dem 1998 erschienenen Roman von *Georg Klein*

Wir nahmen einen Umweg, wir reisten auf einer Route an, die Spaik nicht erahnen konnte. Der Einsatzbefehl des Bundeszentralamts hatte uns beide im Trainingslager auf Korsika erreicht. Wir mußten den Kurs sofort abbrechen und waren kein bißchen traurig darüber. Im Gegenteil, das tägliche Üben, die zermürbende Harmlosigkeit der Wiederholungen, hatte dich zunehmend trübsinnig gestimmt. Beide lieben wir die Frische des Einmaligen, das blanke Licht des Ernstfalls. Über Nacht brachte uns ein Tragflügelboot an die zypriotische Küste. Mit einem Kleinbus ging es weiter bis zum Flughafenhotel der Hauptstadt. Dort war ein Doppelzimmer für uns reserviert.
Ein gewisser Kuhl, kein geringerer als Spaiks langjähriger Führungssachbearbeiter im Bundeszentralamt, erwartete uns. Er war eigens nach Zypern geflogen, um uns einzuweisen. Ein beispielloses Verfahren. Nie hatten wir davon gehört, daß ein Sachbearbeiter in dieser Position auf eine Auslandsdienstreise geschickt worden war. Und es verstieß gegen ein Grundgesetz der Exklusiven Führung, daß wir beide in derart intimen Kontakt zu Spaiks persönlicher Führungsfigur gerieten. Wir staunten, tauschten ein einverständiges Lächeln und gaben uns Mühe, Kuhl nichts von unserer Verwunderung spüren zu lassen. Die Einweisung begann sofort. Kuhl hatte alles Nötige in unserem Zimmer aufgebaut. Er zeigte einen Film über Spaiks bisherige Tätigkeit, er warf ihn mit einem Videoprojektor an die leere Wand über dem Doppelbett. Das Band war äußerst sorgfältig, fast liebevoll aus dem Material vieler Jahre kompiliert. Bild und Ton waren bis auf wenige Ausnahmen ausgezeichnet. Nur die Vorführung krankte an kleinen Unzulänglichkeiten. Kuhl redete zuviel. In seinem Bestreben, den Film zu erläutern, fand er sel-

ten das richtige Maß. Oft sprach er gegen die aufgezeichnete eigene Stimme an und sagte mit schlechteren Worten doch nur das gleiche. Auch hätten wir das Doppelbett ein Stück beiseite rücken sollen. Wenn Kuhl darauf kniete, um mit einem Teleskopzeigestock ins laufende Bild zu deuten, kam er auf der weichen Matratze ins Schwanken und fuchtelte in den Lichtstrahl.

(…) Unmittelbar nach der Einweisung ging es weiter. Ein Frachtflugzeug flog für das Kinderhilfswerk der Vereinten Nationen Impfseren und medizinisches Gerät in die Stadt. Ab sofort waren wir zwei österreichische Augenärzte, die dort im Auftrag der Weltgesundheitsorganisation drei Informationstage verbringen sollten. Von Kuhl hatten wir das übliche Minimalset persönlicher Unterlagen erhalten; die dazugehörigen Identitätsraster waren auf das Wesentliche reduziert. Ein Bruchteil der Flugzeit würde ausreichen, sie auswendig zu lernen. Die kleine Frachtmaschine, ein älteres russisches Turbo-Propp-Modell, war kunstvoll mit Kisten vollgestapelt. Wir waren die einzigen Passagiere. Getrennt von den beiden Piloten, saßen wir im Heck, wo ein einziger Doppelsitz neben ein Fenster geschraubt war. Gleich nach dem Start holtest du die Letzte Leitanweisung des Bundeszentralamts hervor, die uns Kuhl in einem versiegelten Umschlag übergeben hatte. Du schobst die Diskette, die das Kuvert enthielt, in unseren tragbaren Rechner. Wir decodierten die dreifach geschützte Nachricht. Die Letzte Leitanweisung war knapp und unmißverständlich. So und nicht anders sollte es sein.

Georg Klein, geb. 1953 in Augsburg, ist Gewinner des »Ingeborg-Bachmann-Preises« 2000 (s.o.).

Der Irseer »Pegasus«-Preis: Literarischer Dialog zwischen Regionen

(dw) Mit dem Irseer Pegasuspreis ist Bayerisch-Schwaben bzw. das Allgäu Jahrzehnte nach dem Ende der »Gruppe 47« wieder Austragungsort eines angesehenen Literaturwettbewerbs. Der Literaturpreis, dessen Name durch das Dichterross auf einem Türblatt im Irseer Kloster motiviert ist, wird im kommenden Januar bereits zum dritten Mal verliehen. Bewerben kann sich jeder Autor, der mindestens eine Veröffentlichung in Buchform (nicht im Selbstverlag) vorzuweisen hat.

Zwar handelt es sich bei der vom Verband Deutscher Schriftsteller (VS) und der Schwabenakademie Irsee initiierten Veranstaltung in gewisser Weise um einen »Schwäbischen« Literaturpreis, durch den das literarische Profil der Region im Bewusstsein der Öffentlichkeit gestärkt werden soll. Doch dies impliziert weder, dass die Kandidaten in Bayerisch-Schwaben geboren oder angesiedelt sein sollten noch, dass in den eingebrachten Texten ein direkter Bezug zu Schwaben vorhanden sein muss. »Region« wird hier vielmehr als ein offener Begriff verstanden – im Vordergrund steht der Kontakt zwischen den Regionen, der Austausch zwischen den Kulturräumen.

Dementsprechend fand das erste Dichtertreffen im Januar 1999 auch unter dem Motto der »Region« statt und führte neben »heimischen« Autoren auch Teilnehmer vom Bodensee, aus Stuttgart und Liechtenstein zusammen. In drei Sitzungen der gemeinsamen »Literaturwerkstatt« (Moderatorin war Angela Bachmair) bekamen die Autoren die Möglichkeit, gleichsam »interaktiv« auf den literarischen Schaffensprozess der Konkurrenten mit einzuwirken. In der abschließenden Lesung innerhalb der Werkstatt bekam jeder Teilnehmer 15 Minuten Zeit, um seinen Text vorzustellen, der daraufhin jeweils über weitere 15 Minuten gemeinsam diskutiert wurde. Die Autoren bildeten auf diese Weise ihre eigene Jury, die schließlich eine(n) Gewinner(in) aus ihren Reihen hervorbringen musste. Sie kürten in diesem ersten Jahr Ernst Mader aus Blöcktach bei Kaufbeuren zum poeta laureatus, der sich mit den zweiten Siegern Peter Dempf aus Augsburg und Rainer Wochele aus Stuttgart eine Preissumme in Höhe von DM 5000.– teilen durfte (gestiftet jeweils zur Hälfte von der Schwabenakademie Irsee und der IG Medien in Bayern). Die Veranstaltung wurde abgerundet durch einen originellen Mundart-Abend (»Ganz bei eis ond weiter weg. MundArt zwischen Rhein und Lech«) und eine Podiumsdiskussion zum Thema »Literatur ist regional – oder: Wie knackt man die Heimat?«

Waren es 1999 noch 17 Schriftsteller, so durften im vergangenen Winter bereits 19 Kandidaten um einen Platz an der Sonne streiten. Die diesjährigen, von Eva Leipprand und Rainer Wochele moderierten Workshops zum Thema »Die Zeit und die Wörter« gewannen zusätzliche Brisanz durch die begleitende Teilnahme der Vorarlberger Autorin Ulrike Längle (Leiterin des Franz-Michael-Felder-Archivs in Bregenz), die auch eine eigene Lesung hielt. Die in derselben Höhe wie im Vorjahr dotierten Preise gingen an den Berliner Stefan Monhardt mit seinem Lyrikzyklus »In der Zeitfalle« (einige Gedichte daraus finden sie in unserer Ausgabe) sowie an Bernhard Setzwein aus Waldmünchen und Felicitas Andresen-Kohring aus Gaienhofen am Bodensee. Prominente Gäste wie der ehemalige VS-Vorsitzende und Mitbegründer Dieter Lattmann, der Internet-Autor Oliver Gassner und Verlagslektoren vom Goldmann- und Eichborn-Verlag nahmen in diesem Jahr an der Podiumsdiskussion »Trends 2000 – Literatur wohin« teil.

Das nächste Pegasus-Dichtertreffen wird vom 4. bis 7. Januar 2001 in der Schwabenakademie stattfinden – voraussichtlich zum Thema »Die Abgründe des Alltäglichen«. Eingeladen ist u.a. Anna Mitgutsch, Autorin des Romans »Haus der Kindheit«.

Literaturgeschichte

Josef Bernhart (1881–1969) über Literatur und Religion und: ein Lebensbild des Dichters

Joseph Bernhart hat sich intensiv mit einem Problem beschäftigt, das in dem nächsten Band unseres Jahrbuchs ausführlich diskutiert werden soll – mit dem Verhältnis von Literatur und Religion. Am 30. Januar 1947 schreibt er in sein Tagebuch: »Soll man nicht stutzen, wenn sich Augustinus, nachdem er einem laufenden Hasen mit ästhetischem Wohlgefallen zugesehen hat, Gewissensbisse macht?« (s.u., S. 378).

Seine eigenen Erfahrungen lassen ihn dann überspitzt formulieren: »Frage: warum gerade das katholische Christentum – so überreich an poetischen Gehalten – in der neueren Zeit so spärlich wirkliche Dichtung hervorgebracht hat. Muß bei uns nicht alle Genialität am Reglement, am unendlich differenzierten und kanonisch versteiften System, der institutionellen Sklerose des Corpus mysticum vertrocknen? Von anderen Gründen, die im Bereich der disciplina liegen, nicht zu reden.« (ebd.).

Eine Antwort eigener Art gibt das »Selbstbildnis«, das er ein paar Jahre später für die Reihe »Selbstbildnisse bayerischer Dichter« in der Bayerischen Staatszeitung (am 9.6.51) geschrieben hat:

> In einem württembergischen Buchladen fragte ein Mann nach Schriften des im Titel genannten Autors. Der Buchhändler bedeutete ihm, es gebe zwei Autoren dieses Namens; der eine sei Gelehrter, der andere Dichter. Das Publikum halte sie nicht auseinander, obwohl es doch nicht schwerfalle, den Verfasser von Abenteuergeschichten oder des Spitzwegbuches von dem anderen zu unterscheiden, der den »Vatikan«, »Sinn der Geschichte« oder »Die philosophische Mystik des Mittelalters« geschrieben habe. Der Buchhändler war im Irrtum, weil die beiden Personen physisch und standesamtlich eine Person sind;

er war es wiederum auch nicht, weil diese einzige Person tatsächlich zwei Autoren beherbergt, deren Leserschaften einander nichts angehen. Als jener Kunde bei dem, der es wissen mußte, um authentischen Aufschluß bat, erhielt er die Antwort: Halb Poet und halb Gelehrter – Nichts ist in der Welt verkehrter.

Die Literaturkalender nennen Ursberg im bayerischen Schwaben als seinen Geburtsort. Das Ereignis selbst, daß er nämlich – es war 1881 – geboren wurde, genau unter dem Storchennest eines alten Klosterbaus, hat er nie beklagt, aber es sind ihm außer den hohen Kosten der Freiheit, die er sich erwählt hat, auch die bekannten Schwierigkeiten des Nachdenkens über das Dasein daraus erwachsen. Das zeigte sich früh schon in seinem Büchlein »Tragik im Weltlauf«, und diese Melodie hat ihn bis heute, da eben seine Schrift »Chaos und Dämonie« ausgegangen ist, nicht verlassen. Denn so viele Bücher auch dazwischen liegen, jedes protestierte, wenigstens insgeheim, gegen den Aberglauben, daß der böse Dietrich bestraft, der gute Fridolin belohnt werde, daß überhaupt diese Welt in unseren Begriffen, auch den höchsten und heiligsten, aufgehe. Religion, pflegt er zu sagen, beginnt im Ernste doch erst dort, wo aller Grund vorhanden scheint, sie aufzugeben.«

(zit. nach: Joseph Bernhart. Leben und Werk in Selbstzeugnissen. Ausgewählt und mit einer biographischen Einführung herausgegeben von Lorenz Wachinger. Weißenhorn 1981, S.262f.)

J.C. Wagenseil über J.M.R. Lenz (1785)

[..] Einer von denen, die am Geniefieber lange krank gelegen sind. Ob es sich itzt mit ihm gebessert hat, wissen wir nicht, da er schon lange nichts mehr von sich hören läßt. Gleich nach Erscheinung des Götz von Berlichingen gab er seinen Hofmeister heraus, und bald darauf folgte der neue Menoza. In beyden Stücken sind die Regeln theatralischer Dichtkunst muthwillig auf den Kopf getreten, wie es denn auch so recht ist, denn ein Genie bindet sich an keine Regel, und haßt allen sclavischen Zwang. Nicht minder ist darinn alle gute Lebensart beleidigt, denn da giebt es Nothzucht, Kastrirung u.s.w. fast öffentlich zu sehen. Die Kunstjüngerlein erstaunten ob dem gewaltigen Geniedrang, und trabten auf ihren Steckenpferden hinterher, und darum bekamen wir auch so manches ganz abscheuliche Theaterstück, das in keinem gesitteten Staat jemals wird dürfen aufgeführt werden. Statt daß vorzügliche Köpfe, unter die Lenz unstreitig gehört, der deutschen Bühne aufhelfen sollten, machen sie solche zu einer Bude voller Ungereimtheiten und Zügellosigkeit. – Noch ist von ihm »die Soldaten« und »die Freunde machen den Philosophen«, eins so herrlich als das andere. Schade für seine Welt und Menschenkenntniß, fur seine kraftige Sprache, daß er alles so am unrechten Ort angewandt hat. [..] Seiner Erzählung im deutschen Museum: »Zerbin, oder die neue Philosophie«, wird niemand ihre Güte absprechen, und gewiß haben wenige sie ohne Rührung gelesen. Um desto ärgerlicher ist es, wenn Leute, die etwas gutes machen könnten, ihre Zeit und Talente an abentheuerlichen Dingen verschwenden, und die Kunst auf Herzen zu wirken so sträflich entweihen. Wir hoffen, da die Hauptraserey der Genieepoche vorbey ist, auch Lenz werde sich gebessert haben, und einmal etwas herausgeben, das man mit Grund der Wahrheit seiner würdig nennen kann.

Auszug aus: Joh. C. Wagenseil: *Almanach für Dichter und schöne Geister auf das Jahr 1785. Gedruckt am Fuße des Parnasses.* Augsburg. S. 72–74.

Literarischer Führer durch Schwaben (I)

Besuch auf der Meersburg bei Annette von Droste-Hülshoff

Am Thurme

Annette von Droste-Hülshoff

Ich steh' auf hohem Balkone am Thurm,
Umstrichen vom schreienden Staare,
Und laß gleich einer Mänade den Sturm
Mir wühlen im flatternden Haare;
O wilder Geselle, o toller Fant,
Ich möchte dich kräftig umschlingen,
Und, Sehne an Sehne, zwei Schritte vom Rand
Auf Tod und Leben dann ringen!

Und drunten seh ich am Strand, so frisch
Wie spielende Doggen, die Wellen
Sich tummeln rings mit Geklaff und Gezisch,
Und glänzende Flocken schnellen.
O, springen möcht' ich hinein alsbald,
Recht in die tobende Meute,
Und jagen durch den korallenen Wald
Das Walroß, die lustige Beute!

Und drüben seh ich ein Wimpel wehn
So keck wie eine Standarte,
Seh auf und nieder den Kiel sich drehn
Von meiner luftigen Warte;
O, sitzen möcht' ich im kämpfenden Schiff,
Das Steuerruder ergreifen,
Und zischend über das brandende Riff
Wie eine Seemöve streifen.

> Wär ich ein Jäger auf freier Flur,
> Ein Stück nur von seinen Soldaten,
> Wär' ich ein Mann doch mindestens nur,
> So würde der Himmel mir rathen;
> Nun muß ich sitzen so fein und klar,
> Gleich einem artigen Kinde,
> Und darf nur heimlich lösen mein Haar,
> Und lassen es flattern im Winde!

(hw) Die Meersburg am Bodensee hat die Phantasie von Schriftstellern wie Arthur M. Miller und Irina Korschunow besonders angeregt. Hier hat eine der großen deutschen Dichterinnen des 19. Jahrhunderts gelebt: die in Westfalen geborene Annette von Droste-Hülshoff. Sie hatte bei der Schwester ihre zweite Heimat gefunden und ist auch auf dem Friedhof von Meersburg begraben.

> Ich bin an deinem Grabe und bei dir, Annette. [..] ich habe dich gesucht, bescheiden und still an der Mauer unter Epheu. Man muß dich mit dem Herzen suchen, sonst findet man dich nicht [..]. Durch das hübsche rote Tor an viel Winkelwerk vorbei und dann durch Weinberge [..] desselben Weges, den man dich trug vor 74 Jahren und 8 Tagen. »Anna Elisabeth von Droste-Hülshoff, geb. den 12. Jan. 1797 gest. den 24. Mai 1848. – Ehre dem Herrn«. Dein Wappen ist darüber und eine schlichte Krone von oben her, mir war, sie drückt sich leise auf deine schöne Stirn. [..] Die Sonne ist mit mir heraus, nur ging sie in Wolken unter [..] ich muß Abschied nehmen. [..] Dahin gehe ich zurück, in dein Schloß, mit Epheu umwachsen, wo die Wipfel aller Bäume sind, auf deine Brücke, von der du hinaus auf die alten Dächer von Meersburg und auf schöne alte Kamine siehst weit über den Bodensee.

Dies schrieb der junge *Arthur M. Miller* am 2. Juni 1922 in sein Tagebuch. Seine Novelle »Besuch auf der Meersburg« ist 61

Jahre später erschienen. Sie ist durch die Begeisterung für die Gedichte der Droste angeregt:

> Dein »Mondaufgang«, Annette, hat damals meine Seele erfüllt und sie in Deine hineingezogen, Deine »Durchwachte Nacht« habe ich mit allen Nerven lauschend und empfindend, mit Dir durchatmet bis zum schmetternden Aufgang der Sonne. [..] Die Größe und Unergründlichkeit Deiner Gedichte hat mich erschüttert.

Millers Schilderung beginnt ganz im Stil der Romantik:

> Es war in den zwanziger Jahren gewesen, daß ich eine heftige, ja leidenschaftliche Liebe zu ihr, der Niegesehenen, gefaßt hatte, die mich zu ihr nach Meersburg und an ihr Sterbelager getrieben hatte, als hätte ich sie dort mit meiner Seele ergreifen können.

Der Autor schildert dann seine mystische Begegnung mit der verehrten Dichterin. Seine Zeitreise führt ihn zum Schloß Meersburg:

> So trat ich in die Gasse hinaus. Ich kam in die Verzauberung der hellsten Vollmondnacht. Der Mond stand hoch im Südosten und hüllte die Gasse mit seinem klaren, flimmernden Silber ein. Der Obertorturm war voll von seinem Strahl getroffen, auch die Häuser zur Rechten der Gasse, während die zu ihrer Linken die tiefe Schwärze ihrer Schatten vor sich nieder warfen. Wohin ich blickte, zum Tore oder hinab in die Steige, alles war in Glast und Finsternis geteilt, zuweilen lichtete sich die Nacht der Schatten in sanftere Dämmerungen auf, durch die die matten, gelben Scheine der erleuchteten Fenster blickten. Das Städtchen war wie verwunschen, wie in einen Zustand zurückgetaucht, in dem es keine Zeit gab, nur ei-

nen silbernen Wandel des Lichtes. Mich zog es nach dem Alten Schlosse hin.

Ich ging entlang dem Bären hinab, bog in den Marktplatz ein, an dessen Seite der Brunnen leise klingelte, ich ging durch die Nacht des Falbentors unter dem Rathaus hindurch und dann sogleich die Hollgasse hinab dem Eingang des Alten Schlosses entgegen. Die zierliche Fassade der Hauptwache schimmerte mich an, der Nordwestflügel des Neuen Schlosses ragte in klarer Dunkelheit empor, die hohe Zypresse an der Ecke der Hofapotheke troff von Silber. Linker Hand das herrliche Gitter, das den Zugang zur Terrasse des Neuen Schlosses andeutete, war ganz in Dämmer getaucht, und jetzt stand ich vor der Brücke, die über den abgrundtiefen Schacht des Halsgrabens zum Eingangsbau des Alten Schlosses führt.

Der Torbau stand im vollen Licht, über seine Fläche rann das Silber wie ein heimliches Beben herab, die Kreuzigungsgruppe über dem schmalen Balkone trat mit aller Deutlichkeit hervor, dann das von grünem Wuchse überwogte breite Eingangstor, das, der späten Stunde entsprechend, geschlossen war. Im Süden, wie ins Unendliche hinausgedehnt, der schimmernde Opal des Sees.

Millers Schilderung lebt – inhaltlich und stilistisch – von einer mystischen Versenkung in die Jugenderinnerung. 1983 ist die Erzählung erst erschienen, aber sie zeigt die postromantischen Züge der frühen Aufzeichnungen.

Ganz anders »das Spiegelbild«, das später die junge *Irina Korschunow* in ihrem Roman von der Meersburg zeichnet. Seine fiktive Hauptfigur ist die Journalistin Amelie Treybe, die zur Meersburg kommt und in ihrem grauen Turm Annette von Droste-Hülshoff begegnet: »in den beiden Bildern über dem Sterbebett.« Mein Erschrecken vor ihren beiden Gesichtern im Meersburger Turm, muß ich es erklären? Ich kannte keines davon, weder das frühe, noch das späte«. Amelie geht hier den Spuren ihrer »Ururgroßtante Annette« nach und kommt mit ihr, wie auf seine Weise auch A.M. Miller, ins Gespräch: »Es beunruhigt mich, Fräulein von Droste, ich habe eine Krise momentan [..], und nun sind Sie plötzlich da, die biedermeierliche Jungfrau, die Dichterin«. Und an anderer Stelle: »Machen Sie ihre Verse nicht schlecht, Fräulein von Droste, nach wie vor werden sie gedruckt, gekauft, gelesen«. Die »Begegnung« mit der »alten Annette« regt sie zum Fabulieren an: «die Geschichte der Annette, ich möchte sie neu erfinden«. Und sie denkt sich, angeregt von diesen Bildern und »Daguerreotypen« aus der Frühzeit der Fotografie, eine wunderliche Liebesgeschichte der adeligen Dame aus, die im enggeschnürten Korsett abgebildet ist. Sie lässt sie selbst erzählen. Damit beginnt auch der Roman:

> Der Tag, an dem Levin mich verließ, April 1842, sechs Jahre sollte ich danach noch leben –, welches Kleid habe ich beim Abschied getragen? War es das graugrünkarierte aus englischem Musselin? Oder das taubenblaue mit dem dreifach gepufften Ärmel und der Spitzengarnitur am Hals? Nein, das nicht. In dem blauen bin ich Levin entgegengegangen, als er den Weg zur Meersburg heraufkam. Es war Oktober, ein warmer Herbst, die Sonne schien, und ich dachte, nun beginnt der Sommer. Das blaue Kleid für Levin, und Jennys Zofe mußte mir Korkenzieherlocken brennen, bis zur Schulter fallend wie auf dem Porträt, das Sprick gemalt hatte vor meiner Reise an den Bodensee, graues Haar mit Korkenzieherlocken. Ich wußte, was Jenny davon hielt, aber das war mir egal. Beim Blick in den Spiegel fand ich mich schön, ich, das Fräulein von Droste, fünfundvierzig, krank und welk, welche Verblendung. Doch wie hätte ich ohne Verblendung in diese trostlose Affäre geraten können. Die alte Frau und der Jüngling, kein Thema für dich, Nachfahrin Amelie. (S.7).

Diese Geschichte darf hier nicht verraten werden. Am Schluss soll vielmehr eine Stelle aus diesem Roman zitiert werden, welche die Sicht der Journalistin Amelie und ihre Beobachtung zum heutigen Umgang mit alter Literatur so wiedergibt, dass man darin die Ansicht der Autorin zu erkennen glaubt:

> Ach, Fräulein von Droste, Sie und ihre biedermeierlichen Gefühle, wer fragt noch danach. Die Sensation gehört bei uns dazu, man sucht nicht die Gedichte, man sucht die Dichterin und ihre Intimität, will alles wissen, sehen, anfassen, den Schauer spüren, hier hat sie gesessen, nun ist es meins für einen Moment, und möglich, dass der eine oder andere auch zu den Gedichten greift. Jedes Jahr mehr Touristen« [..] »falls es Sie tröstet: Im Spätherbst [..], wenn die Besucher ausbleiben, ist es dort wieder so still wie damals nach ihrem Abschied von Hülshoff« (S.125).

Auszüge aus: Irina Korschunow: Das Spiegelbild. Hamburg 1988.

Theater aus der Region

Versuch einer Annäherung – Ein Probenbericht
Zur Inszenierung des Stückes »Sprung aus dem Dunkel«
von Franz R. Miller in Füssen

Hanspeter Plocher

Eine ganze Region gedenkt im Jahr 2000 des 1250. Todestags einer ihrer frühen Lichtgestalten. Die Rede ist von Magnus, dem St. Galler Mönch, der in das Land zwischen Bodensee, Vorarlberg und Allgäu aufbrach, um auf Geheiß seiner Oberen den christlichen Glauben zu verbreiten. Legende, Sage, Märchen, Erzählung und Spiel sind seine Heldentaten geworden, – von der Tötung des Bären und des Drachen bis zum Sprung über die Lechschlucht bei Füssen –, sei es in schlichter volkshafter Überlieferung, sei es in gehobener literarischer Form. Eine neue Auseinandersetzung mit diesem Stoff suchte und fand der aus Füssen stammende und in Augsburg lebende Komponist, Bundeschorleiter und Rundfunkjournalist (Bayerischer Rundfunk) Franz R. Miller, und zwar im Auftrag der Kirchengemeinde St. Mang in Füssen. Im Mittelpunkt seines Szenarios steht nicht der volkstümliche Heilige, jedenfalls nicht in leibhaftiger Erscheinung mit Wanderstab und Pilgertasche, sondern der Mensch der Magnus-Zeit mit all seinen Hoffnungen, Befürchtungen, Erwartungen und Ängsten, die er mit der Erscheinung einer Gestalt verbindet, von der er nur gehört, die er aber nie zu Gesicht bekommen hat. Millers Absicht war es nicht, den vielen traditionellen Magnus-Spielen ein weiteres hinzuzufügen (mit Bär, Drache und Sprung) sondern, angereichert mit Chören, Solostimmen, Orgel und Schlagzeug, ein polyphones und widersprüchliches Meinungsbild zu schaffen, das sich bei Herrschenden und Beherrschten, bei Reichen und Armen, bei Starken und Schwachen um diese legendäre Figur herum bildet. Gibt es Magnus wirklich oder ist alles nur Schall und Rauch, geboren aus der unstillbaren Sehnsucht der Menschen nach einem Erlöser?

Im Einvernehmen mit der Gemeinde St. Mang beauftragte der Autor das Romanistentheater der Universität Augsburg mit der theatralischen Umsetzung seines Entwurfs. Die Studententheatertruppe, obschon in den über zwanzig Jahren ihrer Existenz recht versiert im Umgang mit Spielvorlagen verschiedenster Couleur und Provenienz, sah sich vor eine ebenso reizvolle wie riskante Herausforderung gestellt, angefangen bei der Aufgabe, die Basilika St. Mang in Füssen, ein prachtvolles Barockjuwel mit himmelhoch überdimensionalen Ausmaßen und für nichts weniger geeignet als für Theateraufführungen, als Spielort in ihre Inszenierungsüberlegungen einbeziehen zu müssen. Technik, Beleuchtung, Akustik, Zuschauerraum, – alles war, alles ist anders, größer, beeindruckender und natürlich auch unendlich viel schöner als das gewohnt staubige, betonharte, phantasielose Viereck des universitären Hörsaals, den man seit schließlich bald zwanzig Jahren fest im Griff hat und auf wundersame Weise doch immer wieder in ein echtes Theater verwandelt. Doch alle Hörsaal-Gesetze und Erfahrungswerte versagen in St. Mang. Die ersten Schritte hinein in das Dunkel der Textwelt erfordern von allen Beteiligten konzentrierte Anstrengung, wenn sie auf den Probe-Flügeln der Phantasie vom knochentrockenen Lehrsaal aus in Richtung St. Mang in Füssen abheben wollen. Ähnliches gilt für die Spielvorlage selbst. Ein Titel mußte gefunden werden. Die rund zwanzig Szenen mussten auf ein spieladäquates Maß zurechtgeschnitten werden, die szenisch offen gestalteten Gespräche der OBEREN, UNMITTELBAREN und UNTERLEGENEN mussten einer bestimmten Anzahl von Rollen, Frauen und Männern, studentischen Schauspielerinnen und Schauspielern zugeordnet werden. Einzelcharaktere mit handlungsmäßigen Entwicklungsmöglichkeiten standen nicht zur Disposition, und keine Frage war überflüssiger als die nach der individuellen, unverwechselbaren Biographie, Psychologie oder Physiognomie der Figuren. Allenfalls von gruppendynamischen Prozessen kann die Rede sein: die OBEREN, Vertreter des Staates, Vertreter vielleicht auch der Amtskirche, Gefolgsleute des Bischofs, sind sich darin einig, dass mit diesem dubiosen Volksverführer, der mit seiner Botschaft, dass Gott die Menschen liebt und nicht etwa, dass sie ihn fürchten sollen, die Hierarchie umzustürzen droht, möglichst schnell aufgeräumt werden muss, und zwar radikal. In ihren Ansprüchen und ihrem Stolz werden sie von der bezwingenden Sanftmut des Magnus entwaffnet, ohne zu wissen, wie ihnen geschieht. DIE UNMITTELBAREN, selbstsichere und verwöhnte Edelmenschen auf der Sonnenseite des Lebens, die in schwelgerischer Lässigkeit ihren Wohlstand genießen, werden ihre angeborenen Vorrechte verlieren, und die UNTERLEGENEN, die im Dunkel hausen, werden sich, ermutigt von der Botschaft des unbekannten Fremden, langsam, ganz langsam von ihren Ängsten befreien und Würde, Mut, Freude schöpfen. Dies ist die über tausend Jahre alte Botschaft für heute, morgen, für ein ganzes Leben. Dies ist der Weg, der Sprung von unten nach oben, der Fall von oben nach unten, der Sprung aus dem Dunkel ins Licht. Er muss zentimeterweise probiert, erprobt, geprobt werden.

Aufführungen in der Stadtpfarrkirche St. Mang in Füssen: Freitag, 13.10.2000; Samstag, 14.10.; Sonntag, 15.10.; Freitag, 20.10.; Samstag, 21.10.; Sonntag, 22.10.

Manuskript

Der Doosoahrig

Ausschnitt aus einem Bauernstück von
Arthur M. Miller

Der »Doosoahrig« ist der betagte Bauer Benedikt Seltmann, der sich dazu entschlossen hat, den Schwerhörigen zu spielen, um sich in der Hausgemeinschaft, zu der neben seiner Tochter Rosina noch die Haushälterin Emmerenz und der Knecht Lorenz Brutscher zählen, etwas aus der Verantwortung zurückziehen zu können. Als Emmerenz jedoch den Verdacht schöpft, dass mit der »Doosoahrigkeit« etwas nicht stimmt, sieht der Bauer sich veranlasst, Emmerenz in ein »Geheimnis« einzuweihen:

Bauer:	Hoi – d'Uhr isch stande blibe und haut doch grad no g'schnaklet! (zieht am Kästchen die Schublade auf und nimmt seine Taschenuhr heraus).
	Tatsächlich, in deare Minut! (Geht hin und öffnet die Schutzscheibe, um die Uhr aufzuziehen)
Emmerenz:	(noch mehr verblüfft): Bauer – !
Bauer:	(fährt herum): Was stauhsch den *du* no dau?
Emmerenz:	Diar hant dös Schnackle von der Uhr g'heart – Diar hant g'merkt daß sa's Schnackle aufg'heart haut – – – ?
Bauer:	Was hauni, du Lueder, du fieg'näschs! (nach einer Pause, während welcher er sie dann auffallend sanft ansieht) .. Komm hear, Emmerenz. – Komm hear!
Emmerenz:	(kommt unsicher näher) Ja, Bauer – – –
Bauer:	Nimm dös it krumm, daß i di a Lueder g'haiße hau'.

	Luedere sind d'Weisbilder so und so, so haut se eiser Herrgott verschaffe, und dear weard g'wißt hau warum. – Du bischt zwanzg Jauhr auf'm Hof, und seit d'Muetter g'storbe ischt, hauscht du's ganz Sach verhebbt –
Emmerenz:	Was soll ietz dös aufemaul, Bauer – ?
Bauer:	Du bischt a rechts Weisbild, i kaa'mi auf di verlasse – und i verlaß mi ietz au auf di –
Emmerenz:	Bauer, went Diar mir öbbes a'vertraue?
Bauer:	It meahr, als wia du scho waischt. Los – aber verraut koim Mensche öbbes dervo'! Neamats, Emmerenz, 'm Lorenz it, und earscht recht it dr Rosine. – Versprich mer dös!
Emmerenz:	Bauer, i bi ganz baff!
Bauer:	Daß miar so guet mitanand schwätze könnet, gell? Dua d'Hand hear, versprich –
Emmerenz:	(verwundert und geschmeichelt): I versprich – – –
Bauer:	Also bloß unter eis Zwaie: I hau'an Hearapparat.
Emmerenz:	Waas?! (besieht seinen Kopf um und um). Wo hand'r nau dean? Ma' sicht rum und num nix.
Bauer:	Koi Mensch sicht dös. Dös ischt öbbes ganz Moderns – a atomarer Hearapparat.
Emmerenz:	(staunend): A atomarer Hearapparat? Jooram, was isch denn dös?
Bauer:	Eabe oiner, dean wo ma it sicht. Inwendig isch dear. Verkläre ka'nen diar it, i verstand'n ja sell it. Aber es isch so: wenn i an ois vo deane Knöpfle druck dau an meim Häs ans ober, nau schnacklet'r ei'. Und wenn i am selle Knöpfle rips, nau schnacklet'r aus. Und heare dua i mit deam wia a Luchs.
Emmerenz:	(die Hände ringend): Ja, daß es dös geit – – – ja, daß es dös geit!
Bauer:	Heitzudag geits alls, Emmerenz, sogar Sache

	geit es, wo's gar it geit –
Emmerenz:	Aber warum saget Dir dös de andere it, Bauer? Nau könnt ma doch oadele mit Ui schwätze!
Bauer:	Wenn i aufs Knöpfle druck, scho. Wenn i aber it na'druck, nau dätet sa glei sage: Lueg'n a', dean Saukopf, dean verbockte, dear haut's Oahr scho meah ausg'hängt. Und di maischt Zeit isch bösser, Emmerenz, wemma's ausg'hängt haut.
Emmerenz:	Ja, Bauer, dös ischt ja a huerementige G'schicht!
Bauer:	Huerementig rum oder num! ›s Leabe ischt au a huerementige G'schicht. So, Emmerenz, ietz waischt es. Und was a Vertraue ischt, waischt au. Und wenn du miar a Silb raus – – lauscht vo deam, nau schlag i dr 's Kreiz a, verstauhsch mi, Weisbild?
Emmerenz:	Um dauset Gotts wille, Bauer!
Bauer:	So, und ietz rips i an meim Knöpfle, lueg hear, und ietz isch aus!
Emmerenz:	Aber it hätt Ui no öbbes sage wölle –
Bauer:	Hä? Was hausch g'sait?
Emmerenz:	Öbbes ganz Wichtigs, wo Diar unbedingt wisse miesset. – –
Bauer:	I verstand nix, i verstand gar nix.
Emmerenz:	(verzweifelt) Bauer! (langt nach seinem Knopf an der Stallschlutte).
Bauer:	(schlägt ihr die Hand weg): Wegg dau! Mach ja koine Visimadentle! 's Heare oder it Heare isch mei' Sach, verstauhsch mi!
Emmerenz:	(resigniert den Kopf schüttelnd): Es ischt öbbes Grausigs mit de Mannsbilder, und bsonders no mit deam … …!

Als schließlich auch Rosina von dem »atomaren Hörapparat« erfährt, glaubt sie, ihren Vater nun zur Einwilligung zu ihrer Hochzeit mit dem Grundstücksmakler Egon Fuchs bewegen zu können, der sie mit schönen Worten umwirbt und verspricht, den Bauernhof in eine gewinnbringende Fremdenverkehrseinrichtung umzuwandeln, sobald der Bauer ihm die Hofübergabe vertraglich zusichert.

Doch der »Doosoahrig« ist raffiniert genug, den durch den Hochstapler drohenden Schaden vom Hof abzuwenden. In einem eigenen Vertragsentwurf spricht er Hof und Tochter – wie seit langem beabsichtigt – seinem Knecht Lorenz zu. Der bereits als Betrüger bekannte Makler jedoch wird von der Polizei gefasst.

Die Sprachkarte aus dem »Sprachatlas von Bayerisch-Schwaben« (SBS), die wir Ihnen auf der folgenden Seite präsentieren, illustriert die Verbreitung des Wortes »doosoahrig« für ›schwerhörig‹ in unserem Dialektgebiet.

schwerhörig

>**dosohret**</>**dosöhret**<:
- >$d\bar{o}s\bar{\varrho}\partial r\partial d$<
- >$-\bar{\varrho}r\partial d$<, $-\dot{\imath}d$ (230 Lud)
- >$-\bar{o}ur\partial d$<, $-\hat{\varrho}u\partial d$ (34 Bid)
- >$-\bar{\varrho}\partial r\partial d$ <
- >$-\bar{\varrho}r\partial d$<

>**doshoret**</>**doshöret**<:
- >$d\bar{\varrho}sh\bar{\varrho}\partial r\partial d$<
- >$-h\bar{o}r\partial d$<
- >$-h\bar{o}ur\partial d$<, $-h\bar{e}^r\partial d$ (5 MBe)
- >$d\bar{\varrho}s\partial d$<, $d\bar{\varrho}\partial s\partial d$ (123 Lec) >**dosig**</>**doset**<

>**toret**</>**töret**<:
- >$d\bar{\varrho}\partial r\partial d$<, $-\hat{\varrho}u-$ (55 Erg)
- >$-\bar{\varrho}-$<
- >$-\bar{\varrho}\partial-$<

- >$l\bar{\varrho}s\bar{\varrho}\partial r\partial d$< >**losohret**<

- >$l\bar{\varrho}sh\bar{\varrho}\partial r\partial g$< >**loshorig**<

- >$d\varrho l\bar{\varrho}rig$<, $-\bar{\varrho}\partial r\partial g$ (250 Kra) >**tollohrig**<

- $g\bar{\imath}g\hat{\varrho}ur\partial d$ (23 Möh), $g\ddot{\imath}g\hat{\varrho}u\partial^r\partial d$ (24 OEi), $d\dot{\imath}kx\bar{\varrho}\partial r\partial g$ (224 Egt) >**gigohret**</>**dickohrig**<

- $d\dot{\imath}\underline{k}h\varrho r\partial d$ (40 Mʌlı) >**dickhoret**</>**diekohret**<

- $g\ddot{\imath}g\partial d$ (33 Wlm) >? **giget**<

- >$kh\bar{\varrho}rl\bar{\varrho}s$<, $kx\bar{\varrho}\partial rl\bar{\varrho}\partial s$ (266 Leu) >**g(e)horlos**</>**g(e)hörlʊs**<

SCHWABENSPIEGEL

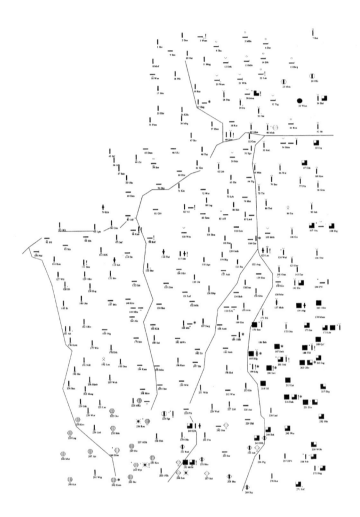

Quelle: Werner König (Hg.): Sprachatlas von Bayerisch-Schwaben, Bd. 2. Wortgeographie. Heidelberg 1996. S. 334ff., Karte 18.

Das Laienschauspiel in Schwaben (I)

Landkreis Dillingen – Ergebnisse einer Umfrage vom Juni 2000

von Rosmarie Mair

Auch 20 Fernsehkanäle und mehr konnten und können nichts daran ändern: Die Aufführungen der örtlichen Laienschauspielgruppen erfreuen sich in weiten Teilen Schwabens ungebrochener Beliebtheit. Sie sind ein fester Bestandteil des kulturellen Veranstaltungskalenders. In den letzten 13 Jahren hat sich die Anzahl der beim Bezirk Schwaben gemeldeten Gruppen mehr als verdoppelt: Waren 1987 noch 260 Laienspielgruppen gemeldet, sind es nun ungefähr 600. Damit steht der Regierungsbezirk Schwaben an der Spitze des Laienspiels in Bayern, gemessen an dem Engagement freier Gruppen.
Ausgewählt für diese Studie wurde der Landkreis Dillingen mit seinen 27 Gemeinden und insgesamt 92.861 Einwohnern (Stand: 31.12.1998, Statistisches Jahrbuch für Bayern 1999). Eine im Juni 2000 telefonisch durchgeführte Umfrage bei den Leitern von 19 Dillinger Theatergruppen brachte folgende Ergebnisse:

Spieltradition

Die längste Tradition weist das *Kolpingtheater Höchstädt* auf, das auf eine 130-jährige Geschichte zurückblicken kann. Seit 1870 spielt die Kolpingfamilie Höchstädt Theaterstücke.
In den Gemeinden Staufen, Bissingen, Wertingen und Buttenwiesen gab es schon in den 20er Jahren und in der Zeit nach dem Ende des 2. Weltkriegs Laienschauspielgruppen, in deren Tradition sich diejenigen sehen, die heute noch spielen.
Die meisten der untersuchten Theatergruppen bestehen aber seit 15 bis 20 Jahren. Relativ jung sind der *Theaterverein »Aschbergbühne« in Holzheim-Weisingen* – er existiert seit fast 10 Jahren – und die im Jahr 2000 neu gegründete *Theatergruppe Gundelfingen*.

Sie ist zum Teil aus der aufgelösten Theatergruppe des *Trachtenvereins Brenztaler* (mit 25-jähriger Tradition) hervorgegangen.

Trägerverein oder freie Theatergruppe

Sieben der 19 Ensembles sind freie Theatergruppen; davon sind drei eingetragene Vereine. Die Mehrzahl sind Spielgruppen eines Sportvereins, Schützenvereins, Krieger- und Soldatenvereins, einer katholischen Frauenbund-Gruppe oder einer Kolpingfamilie.

Aktivitäten

15 der 19 Theatergruppen bringen regelmäßig einmal im Jahr ein Theaterstück zur Aufführung. Die Spielzeiten bleiben meistens von Jahr zu Jahr die gleichen. Sie liegen oft in der Vorweihnachtszeit, an Ostern, im Fasching oder im Herbst. Das Stammpublikum kann sich so auf eine feste Zeit einrichten; außerdem überschneiden sich die Aufführungstermine nicht mit denjenigen der Nachbargemeinden.

Nicht ganz so fest ist der Spielplan an folgenden Orten: Die *Freilichtbühne Villenbach* spielt im 2-Jahres-Rhythmus auf der Naturbühne in Villenbach. Das *Stadeltheater Lauingen e. V.* inszeniert ein, manchmal auch zwei Stücke im Jahr und für das *Theater in Frauenriedhausen* gibt es keinen festgelegten Spielmodus.

Art der Theaterstücke

Das Stadeltheater Lauingen e. V. spielt überwiegend klassische Komödien von Molière, Nestroy, Raimund, Goldoni und Horvath, manchmal aber auch weniger bekannte Stücke wie »Polly« von Peter Hacks; »Kaiser Joseph und die Bahnwärterstochter« von Herzmanovsky-Orlando war sogar eine Uraufführung!

Das *Theater in Frauenriedhausen (TIF)* hat 1998 die »Commedia dell'arte« beim Stadtfest in Burgau gespielt. 1999 veranstaltete der Theaterverein die Lauinger Kabarett-Tage. Ein Abend wurde von den Schauspielern des *TIF* mit Liedern von Claire Waldoff selbstgestaltet (»Nach meine Beene ist ja janz Berlin verrückt«). Mit seinem Repertoire, nämlich Interpretationen von Chansons der 20er Jahre und Neubearbeitungen von Tucholsky- und Kästner-Texten, nimmt das Programm dieser Theatergruppe eine Sonderstellung im Landkreis Dillingen ein.

Die *Theatergruppe Binswangen* hat sich ebenfalls auf die Bearbeitung klassischer Texte eingestellt, nachdem das »alte« Bauerntheater vom Publikum nicht mehr gewünscht wurde. Für Kleists Komödie »Der zerbrochene Krug« hat die *Theatergruppe Binswangen* einen besonderen Aufführungsort gefunden: die »Alte Synagoge Binswangen«. Diese kann nach umfangreichen Renovierungsarbeiten seit 1996 als Kulturzentrum genutzt werden.

Die restlichen Gruppen spielen – meist sehr bewusst – Stücke in schwäbischer Mundart: »Mir spielet halt so wia mir schwätzet«. Bevorzugt werden lustige Dreiakter, Kriminalkomödien, Valentinaden oder Hits des alt bewährten Bauerntheaters. »Die Zuschauer wollen was zum Lachen; das Leben ist ja schon traurig genug«, heißt es. Die Gruppen beziehen ihre Stücke dann von Theaterverlagen wie dem Deutschen Theater-Verlag in Weinheim, dem Köhler-Verlag München und dem Rieder-Verlag in Wemding.

Adressen der Theaterverlage in Deutschland, Österreich und der Schweiz enthält das »Handbuch für Autorinnen und Autoren« aus dem Uschtrin Verlag. Eine aktualisierte Liste der Theaterverlage ist im Internet unter www.uschtrin.de/theavlg.html abrufbar.

Daneben gibt es immer wieder theaterbegeisterte Spielleiter, die auch selbst Theaterstücke schreiben und dann inszenieren.

Der Leiter der *Freilichtbühne Villenbach* z. B. hat in seinem Stück »Pulverdampf und Liebe« die Auswirkungen der Französischen Revolution mit dem Villenbacher Ortsgeschehen im Jahre 1796 verknüpft. Und er hat ein altes Stück (aus dem Jahr 1924) mit dem Titel »Ritter Kunz von Villenbach« umgeschrieben und in dieser Version 1999 mit großem Erfolg inszeniert. Die Ortsgeschichte steht auch im Mittelpunkt eines Stücks, das der Leiter der *Theatergruppe Binswangen* selbst geschrieben hat. Der Spielleiter der Oberliezheimer Theatergruppe *Die Flachlandtiroler* schreibt derzeit an einem Theaterstück über das aktuelle politische Geschehen in der Gemeinde. Interessant ist auch das Historienspiel über die Gundelfinger Sagengestalt »Der linke Geiger«. Es geht auf das von einem Lehrer geschriebene Singspiel aus den 20er Jahren zurück und wurde in Gundelfingen für das Stadtfest 2000 neu bearbeitet.

Hintergrund: Der linke Geiger
Die Bewohner des freundlichen Donaustädtchens Gundelfingen haben als Linkshänder eine sprichwörtliche Berühmtheit erlangt. In der Tat gibt es Menschen, die mit der Linken geradeso geschickt hantieren wie mit der Rechten. Die Gundelfinger allerdings verdanken diesen Ruhm einzig und allein einem armen Geiger namens Ulrich, kurz »Utz« genannt, der lebte zu Anfang des 17. Jahrhunderts im Städtchen. Seine linke Hand war so verwachsen und verkrüppelt, dass er damit wohl den Fiedelbogen führen, nicht aber die Saiten greifen konnte. Der begabte Musiker hatte sich deshalb von Jugend auf an das Linksgeigen gewöhnt und verstand seiner Geige so liebliche und lustige Weisen zu entlocken, dass die Beine der jungen Leute bei seinem Spiele ins Tanzen gerieten, sie mochten wollen oder nicht. So ein Künstler war doch eine Seltenheit und verdiente Bewunderung. Diese ward ihm auch im reichsten Maße zuteil. Bei allen festlichen Lustbarkeiten weit und breit war der geschickte Linksgeiger zugegen; er konnte der Aufträge kaum Herr werden. Mit der Zeit richtete er sich deshalb einige junge Leute als Gehilfen ab. Alle mußten auf seine Art das Linksgeigen erlernen.
Es verging kein Jahr, da waren die Gundelfinger Musikanten landauf, landab bekannt; überallhin wurden sie zum Aufspielen geholt. Wenn sie zu Fuß oder auf dem geschmückten Leiterwagen mit ihren Instrumenten anrückten, hieß es: »Hei, die Linken sind da! Jetzt wird es lustig!« – Ihre Art Musik zu machen war nicht nur ein Ohrenschmaus, sondern auch eine Augenweide für die Zuschauer.

Ein humorvoller Maler nahm diese Gundelfinger Besonderheit zum Anlaß, in der Spitalkirche einen Engel darzustellen, der nach der Art des linken Geigers musizierte. Das Gemälde wurde später übertüncht. Erst bei der Erneuerung der Kirche im Jahre 1894 kam das Bild wieder zum Vorschein und wurde in seiner ursprünglichen Farbenpracht wiederhergestellt. Ein zweites Mal wurde es 1958 renoviert.

Auch ein 1921 erstmals aufgeführtes Singspiel von Franz Schmid und Hans Albrecht, das Alois Bauer vertonte, hält die Erinnerung an den linken Geiger wach.

Gewiß gereicht es den Gundelfingern nicht zur Unehre, einen Sohn besessen zu haben, der mit der linken Hand so Hervorragendes leistete. Darum nehmen »die Linken« ihren Necknamen auch niemandem übel, ja sie haben ihn sogar in ihrem Faschingsgruß mit aufgenommen. Wenn sich die Gundelfinger in das närrische Treiben stürzen, erklingt stolz der Schlachtruf: »Glinke auf, hoi, hoi, hoi!«

entnommen aus: Sagen des Landkreises Dillingen, Hrg. Marb Alois u. a., 2. Auflage 1972

Das Publikum

Wie viele Zuschauer sind zu diesen Aufführungen gekommen? In kleinen Orten wie Oberliezheim mit 150 Einwohnern waren es immerhin ca. 400 und in manchen Orten kamen bis zu 3.000 Zuschauer. Wie viele Aufführungen es gibt, hängt auch von der Größe und Verfügbarkeit des Theatersaales ab. Wo nur eine Turnhalle zur Verfügung steht, sind es oft nur drei Aufführungen, im eigenen Theater dagegen wird das Stück dann bis zu zwanzig Mal gespielt.

Die finanzielle Ausstattung

Die meisten Theatergruppen haben nur die Eintrittsgelder zur Verfügung. Daneben gibt es aber auch einige Sponsoren. Aus den Kassen der Gemeinden kommen lediglich Mittel für besondere Ausgaben (z. B. Renovierungen) und Zuschüsse für besondere Leistungen, etwa für die Kabarett-Tage in Frauenriedhausen oder das Historienspiel in Gundelfingen, hier anlässlich des Stadtjubiläums.

Die eingespielten Überschüsse fließen teilweise in die Kassen der Trägervereine, sie bessern so die Vereinskasse auf. Häufig werden Rücklagen gebildet für künftige Anschaffungen (technische Ausstattung, Bühne, Requisiten usw.) Natürlich darf ein gemeinsames Abschlussfest, ein Ausflug der Schauspieler oder ein gemeinsamer Theater-Besuch nicht fehlen. Das ist der »Gewinn«, den die Laienschauspieler aus ihrem Engagement ziehen.

Soziales Engagement

Auffällig ist das besondere soziale Engagement einzelner Theatergruppen. So unterstützt das *Kolpingtheater Höchstädt* die beiden Kindergärten des Ortes mit mehreren tausend Mark, die *Theatergruppe des Kath. Frauenbunds Wertingen* spendet eine beträchtliche Summe jedes Jahr für soziale Zwecke: für die Behindertengruppe Dillingen, für die Aktion der Ferienaufenthalte von Kindern aus Tschernobyl in Lauingen, für die Lebenshilfe, aber auch für die Kirchenrenovierung. Aus dem Erlös der *Jugendgruppe Wörtelstetten* geht stets ein Teilbetrag nach Namibia in ein Krankenhaus, in dem eine Wörtelstetterin als Krankenschwester arbeitet.

Die *Jugendgruppe Wörtelstetten* zeigt ihre Stücke auch in zusätzlichen Aufführungen, z. B. bei einem Seniorennachmittag oder bei einer Behindertengruppe (in Klosterholzen; Ursberg). Auch beim *Theaterverein Aschbergbühne* in Holzheim gibt es neben den regulären Aufführungen eine öffentliche Probe, zu der Kinder, Senioren und Behinderte freien Eintritt haben. Die *Theaterfreunde Kesseltal e.V.* in Bissingen spielen zusätzlich zu den acht Abendaufführungen noch drei Nachmittage extra für Senioren. Dazu wird ein spezieller Busservice eingerichtet, der die Interessierten aus der Umgebung abholt.

Probleme

Grund zu Klagen gibt es immer dann, wenn im Ort kein geeigneter Raum für Proben und Aufführungen zur Verfügung steht. Turnhallen können meist nur während der schulfreien Zeiten genutzt werden, kleinere Orte verfügen häufig nicht mehr über eine eigene Gaststätte mit Saal. Sie müssen improvisieren. Die Proben finden dann privat oder im Pfarrheim statt, aber manchmal auch an ungeeigneten Orten, wie in einer Maschinenhalle.

Als zweithäufigstes Problem wird der Mangel an Nachwuchs-Schauspielern und die Überlastung der Spielleiter genannt. Manche Gruppen begegnen dem Mangel an Nachwuchskräften, indem sie dafür eigene Kinder- bzw. Jugendgruppen gründen, wie die *Theaterfreunde Kesseltal e. V.* in Bissingen und die *Theatergruppe der Eintracht Staufen*.

Die Schulspielgruppen kämpfen mit anderen Problemen. Da unter den 19 Dillinger Theatervereinigungen, die im Rahmen dieser Studie befragt wurden, nur eine Schultheatergruppe war, soll darauf auch nicht näher eingegangen werden. Es sei jedoch erwähnt, dass der knappe Stundenplan an den Grund- und Hauptschulen und das fehlende Geld die Aufrechterhaltung des Schulspiels an den Grund- und Hauptschulen erschweren. Hier ist es nur dem persönlichen Engagement einzelner Lehrer zu verdanken, dass es trotzdem Gruppen gibt, die weiter Theater spielen. Schulbehörden und Elternvereine erkennen oft nicht, wie vielfältig die pädagogische Förderung der Schüler durch das Spiel ist – nicht nur in Aussprache und Körpersprache, auch im Spracherwerb und im aufmerksamen Agieren.

Fortbildung

Größere Theatergruppen laden selbst Referenten zu sich ein oder nehmen das umfangreiche Fortbildungsangebot des Bezirks Schwabens an (s.u.).

Die Abteilung Heimatpflege beim Bezirk Schwaben unterstützt die Theatergruppen durch ...
- Adressensammlung schwäbischer Laienbühnen
- Veröffentlichung von Presseberichten im einmal jährlich erscheinenden »Theaterspiegel«
- Veröffentlichung von Aufführungsterminen im zweimal im Jahr erscheinenden »Theaterkalender«
- Laienspielseminare im Bildungszentrum Irsee, die dreimal im Jahr stattfinden (zu Fragen der Regie, Atemtechnik, Aufbau von Szenen, Auswahl der Stücke usw.)
- Verleih von Theaterstückmanuskripten. Die Broschüre »Was sollen wir spielen?« (derzeit entsteht Band 3) gibt einen Überblick über vorhandene Theaterstücke.
- Beratung der Gruppen durch einen Laienspielberater. Für das Allgäu ist dies derzeit Herr Wolfgang Lau, Martinszell, Tel. 08379/7174. Gruppen aus den anderen Landkreisen können sich an Herrn Stefan vom Bezirk Schwaben wenden (Tel. 0821/3101-308), der für weitere Auskünfte zur Verfügung steht.
- Alle zwei Jahre werden von der Bezirksheimatpflege »Theatertage« organisiert (1995 in Lauingen, 1997 in Altusried, 1999 in Babenhausen).

Rückfragen an: Bezirk Schwaben, Heimatpflege, Am Hafnerberg 10, 86152 Augsburg. Tel. 0821/3101-0, Internet: www.Bezirk-Schwaben.de

Marionettentheater, Schattenspiele, Scherenschnitte
Zu der Ausstellung der Scherenschnitte von Josy Meidinger in Neuburg an der Donau

(dw) Zum Gedenken an die große Scherenschnitt-Künstlerin Josy Meidinger (1899–1971) wurde im Jagdschloss Grünau bei Neuburg – dem Ort, an dem sie nach dem zweiten Weltkrieg lebte und auch starb – eine Ausstellung ihrer Scherenschnitte eingerichtet, die an ihrem hundertsten »Geburtstag«, dem 19. Dezember 1999 eröffnet wurde und bis zum 5. März dieses Jahres andauerte. Berühmt wurde die Künstlerin, von der auch Feder- und Pastellzeichnungen zu bewundern waren, unter anderem durch Scherenschnitt-Illustrationen zu Märchen und Gedichten der Kaiserin Sissy von Österreich.

»Der Tod und die Jungfrau«: Ein Scherenschnitt aus dem Buch »Totentanz« (hg. v. Elmar Gernert, Nürnberg 1996).

Vorschau auf die Ausstellung
»Schattenspiel und Scherenschnitt«
von Mai bis Juli 2001 in Oberschönenfeld

(md) Neben einer Vielzahl von Zeichnungen und Karikaturen fallen in Arthur Maximilian Millers künstlerischem Nachlass vor allem etwa 400 Scherenschnitte und knapp 170 Schattenspielfiguren ins Auge; so viele zumindest wurden im Archiv für Schwäbische Literatur bisher gesichtet. Eine Auswahl aus diesen beiden Gruppen von Werken, einander ähnlich in ihren gestalterischen Anforderungen und ihren Ausdrucksmöglichkeiten, bildet den wichtigsten Bestand der für den Frühsommer 2001 im Schwäbischen Volkskundemuseum in Oberschönenfeld geplanten Ausstellung »Schattenspiel / Scherenschnitt« (so der vorläufige Arbeitstitel).

Diese Kunst scheint nicht für das große Rampenlicht gemacht zu sein und mutet fast privat an. Sie ist dennoch gut zugänglich, frei von aller hermetischen Heimlichtuerei, heimlich nur in ihrer augenzwinkernden Vieldeutigkeit und – dem Eindruck ist kaum zu entkommen – in ihrer fast persönlichen Hinwendung an Sujet und Publikum.

Die Kunst des Scherenschnitts ist in unseren Breiten noch einigermaßen geläufig. Sie wurde gegen Ende des 18. Jahrhunderts aus Frankreich übernommen, gelangte dann im 19. Jahrhundert insbesondere in Periodika wie dem »Münchner Bilderbogen« zu besonderer Blüte. Später ebbte diese Entwicklung wieder merklich ab. Somit haftet bis heute an der kulturellen Symbolik des Scherenschnitts ein Nachhall der großen kulturellen Grundströmung jener Zeit zwischen Revolution und Biedermeier: der Romantik. Es ist sicherlich kein Zufall, dass Miller, obwohl er im 20. Jahrhundert lebte, dieser kulturellen Symbolik zugetan war. Die Neigung der Romantik zu gewissermaßen radikaler Ästhetik, idealisierten Reduktionen, volkstümlicher Thematik und einem mystischen Verständnis der Religion scheint seinem Blickwinkel auf die Welt besonders entgegengekommen zu sein.

Auch an seinen Schattentheaterfiguren wird diese Affinität sichtbar. Nachdem sich Miller schon seit längerer Zeit mit Scherenschnitten befasst hatte, kamen er und sein Bruder auf herbstlichen Abendspaziergängen, wenn das spärliche Licht zwar den Himmel noch erleuchtet, die Erde aber längst nur noch als schwarzer Umriss gegen dieses Licht wahrnehmbar ist, auf die Idee, diese dem Scherenschnitt verwandte Eindrücklichkeit in einem Schattentheater umzusetzen. So zumindest berichtet er in seinem 1985 erschienenen Buch »Mein Schattentheater«. Diese Figuren nun sind ein besonderes Kleinod, da in Deutschland die Tradition des Schattentheaters nie in wirklich nennenswertem Umfang Fuß gefasst hat. Große Traditionen dieser Art finden sich vor allem in China, Indonesien und den südostasiatischen Staaten, aber auch in der Türkei und in Ägypten. Auch wenn in der Fachliteratur immer wieder von einer »europäischen Tradition« des Schattenspiels die Rede ist, so ist diese im Unterschied zu den genannten immer ein seltenes, in einer kleinen kulturellen Nische beheimatetes Phänomen gewesen. Dieses Dasein des europäischen Schattentheaters gewissermaßen »im Schatten« der großen Traditionen der Welt wird auch an Millers Figuren sichtbar. Einige der von ihm selbst geschriebenen oder adaptierten Stücke spielen im alten Ägypten, und die Figuren dazu lehnen sich an die Formen der altägyptischen Malerei an. Andere handeln von der Weihnachtsgeschichte, wieder andere schließlich sind Bearbeitungen oder Erfindungen von Märchen, weitere sind Schnurren und bäuerliche Schwänke. Man sieht, dass wir uns keiner geschlossenen Theatertradition gegenüber sehen. Andererseits sind die Figuren zu den Märchen und den volkstümlichen Stücken in ihrer Formensprache zwischen höchst zartgliedriger Schönheit auf der einen und hintersinniger Karikatur auf der anderen Seite ausgesprochen europäisch, teils erkennbar deutsch, zum Teil sogar unverkennbar schwäbisch.

Diese Figuren also, von denen einige deutliche Spuren häufiger Einsätze auf Millers kleiner Schattenbühne aufweisen, sollen in dieser Ausstellung einem breiteren Publikum zugänglich gemacht werden. Es ist auch geplant – ein Unterfangen, für das zu diesem

Zeitpunkt noch keine Garantie gegeben werden kann – eine Aufführung zu rekonstruieren und im Rahmen der Ausstellung vielleicht als Video zu zeigen.

»Der Mann im Ohrenstuhl«

Bild und Text. Zur Intertextualität von
Scherenschnitt, Erzählung und biographischen Notizen
bei Arthur M. Miller

Scherenschnitt »Der Mann im Ohrenstuhl« aus dem Nachlass von Arthur M. Miller (Archiv für Literatur aus Schwaben).

(hw) In dem Bändchen »Spiel der Schatten« von Arthur M. Miller findet sich ein schöner Scherenschnitt, der auf den ersten

Blick wie ein Selbstbildnis erscheinen mag. Miller hat sich ja öfter selbst »porträtiert«, in Zeichnungen, Karikaturen und Scherenschnitten. Einer davon zeigt ihn in einer ganz ähnlichen Szenerie, Haltung und Perspektive wie der Scherenschnitt im »Spiel der Schatten«: als geistig Schaffenden, im Profil, auf dem Stuhl vor seinem Arbeitstisch. In dem Selbstporträt (das wir jetzt zum Logo unseres Archivs vereinfacht haben) stellt sich Miller als einen entschlossenen Schreibenden im mittleren Alter dar:

Scherenschnitt aus dem Nachlass von Arthur M. Miller (Archiv für Literatur aus Schwaben).

Ganz anders das Porträt aus dem »Spiel der Schatten« (s.o.): Es zeigt Dr. Albert Attensperger. Er war einmal Rektor der Realschule in Kempten. Er schreibt A.M. Miller in einem Brief vom 4.3.1938: »Einigen Deiner lyrischen Sachen konnte ich zu meiner Genugtuung zum Erstdruck verhelfen, darunter ›Deiner Einsamkeit‹, die zu meinen Lieblingsgedichten gehört«.

Einsamkeit ist eines der Themen, über die sie oft debattiert haben. In einigen Zeilen, die Miller zu diesem Scherenschnitt gereimt hat, schlüpft er in die Rolle des alten Mannes, den seine Lähmung nicht am Höhenflug seiner Gedanken hindert, – wenn er seine vertraute Welt, »Kaffee, Zigarren, meine Katzen«, um sich hat und seinen Neigungen nachgehen kann: dem Studium der Geschichte und Astrologie, der Magie, Geographie, Philosophie und Literatur (Homer, Stifter). Darüber geben Millers Aufzeichnungen Auskunft.

Aus seinem Nachlass wissen wir auch mehr über die Herstellung dieses Schnittes: Er ist 1921 in der Salzstraßenwohnung entstanden. Dort hat der junge Lehrer den viel älteren Freund besucht. »Wir stiegen die Treppe im Hause der alten Druckerei hinauf, ein Weg, den ich später oft wiederholt habe; seine damals noch junge, blühende Frau öffnete und führte uns hinein, und wir trafen den Gelähmten in seinem Ohrenstuhl sitzen.«

Zu dem Abbild Attenspergers: »Ich habe um ihn die kosmische Signatur seines durch Bild und Zeichen erfassbaren Wesens, sein Horoskop gelegt: oben über dem Kreise als Symbolum der beiden das Bild beherrschenden Planeten Jupiter und Saturn, am Medium coele den Mond, den Saturn im Aufgang, die Sonne und alle anderen Planeten in der Himmelstiefe«.

»So war er, so saß er da in seiner bauschigen Wolljacke, und auch sein Arbeitstischchen mit den zierlich gedrechselten Füßen ist genau abkonterfeit. Studium, unentwegt und bohrend, Zigarren, Kaffee und Katzen, das war seine Welt, seit er durch zwei schwere Unfälle an den Ohrenstuhl gefesselt war«.

Viel mehr als diese persönlichen Aufzeichnungen sagt uns das literarische Porträt, das Miller später in einer kurzen, schlichten Geschichte gezeichnet hat. Sie ist 1960 im »Oberallgäuer Erzähler« (Nr. 9, S.33) erschienen und trägt auch den gleichen Titel wie der Scherenschnitt.

Bild und *Text* mit dem gleichen Inhalt, das findet man selten. So sei die vergessene Erzählung hier nachgedruckt. Diese Wort-Bild-Beziehungen sind in den letzten Jahren ins Blickfeld der Stilistikforschung getreten (Vgl. Ulla Fix, Hans Wellmann: Bild im Text – Text und Bild. 6.–8. April 2000. Symposion in Leipzig. Winter Verlag Heidelberg 2000). Der »verklärte« Text selbst ist nicht nur als Seitenstück und Gegenbild zum Scherenschnitt aufschlussreich, sondern auch als stilisiertes Vor- und Leitbild. Der Leser von heute sieht darin gewiß eine romantische Überhöhung. Alle anderen Dokumente beweisen, dass darin kein Stilmittel Millers zu sehen ist, sondern der Reflex einer so erlebten Erfahrung:

Der Mann im Ohrenstuhl

Arthur Maximilian Miller

Ich war unvorsichtig genug, die erste Erzählung, die ich in meinen jungen Jahren geschrieben, sogleich meinem Studienkameraden Horst mitzuteilen, und dieser nahm die Blätter und trug sie zu seinem Onkel, dem gewesenen Rektor des Gymnasiums. Ein paar Tage später erhielt ich die Einladung dieses Mannes.
Ich wußte, daß er vom Schicksal schwer getroffen war. Halbseitig gelähmt und immer an den Lehnstuhl gefesselt, brachte er seine Tage am Lesetischchen hin. Ich erwartete also einen vergrämten, vom Kummer gezeichneten Mann mit leidenden Zügen. Als ich aber bei ihm eintrat, bot sich mir ein ganz anderes Bild dar.
In seinem Ohrensessel saß frisch und aufrecht ein untersetzter, kräftiger Mann, der die Rechte in die Rocktasche gesteckt hatte und in der Linken eine mächtige Zigarre hielt. Seine Züge waren offen und energisch, sein Auge kam mir mit einem starken, ungebrochenen Blick entgegen. Auf seinem Tische lagen Bücher, Hefte und Manuskripte aufgestapelt, eine Kaffeetasse stand vor ihm und eine mit einem Wollwärmer umhüllte Nickelkanne, aus der er den würzigen braunen Saft beständig in die Tasse goß. So überwand er jede Trägheit der Natur.
Seinen Zustand schien der Rektor völlig zu ignorieren. Wie ein kleiner Herrscher saß er da und ließ Auge und Geist in die Ferne schweifen. Kaum hatte ich mich gesetzt und die dargebotene Zigarre höflich abgelehnt, so verwickelte er mich in ein Gespräch über mein kleines Werk und die Dichtkunst überhaupt, daß sich mir die Augen öffneten und ich nicht wußte, was ich mehr bestaunen sollte, den Weitblick dieses Mannes oder den

ungebeugten Mut, womit er sein Leben führte. Nichts, aber auch gar nichts deutete darauf hin, daß ich einen von Krankheit schwer geschlagenen Mann vor mir hatte.

Von da an besuchte ich den Alten jede Woche und brachte ihm mit der Zeit alles, was aus meiner Feder kam, und er nahm sich meines jungen Talentes mit aller Sorgfalt an. Am Ende wurden wir Freunde, und er streckte mir die ungelähmte Linke über den Tisch herüber zur Besiegelung unseres Bundes. Und als ich die Stadt verließ, entspann sich ein lebhafter Briefwechsel. Wenn ich die kräftigen, steilgestellten Schriftzüge ansah, die die Linke meines Freundes geschrieben hatte, dann strömte seine unverzagte Kraft und Frische in mich ein.

Einmal, gelegentlich eines Besuches, kam er auf seine Vergangenheit zu sprechen: »Ich war ein rüstiger Fußgänger«, erzählte er, »und lief in den Ferien die halbe Welt aus, da überkam mich eines Tages, bei der Rückkehr von einer Bergwanderung, ein nie gekanntes Schwächegefühl und Übelsein, Schwindel gesellte sich dazu, und es legte mich in einem kreisenden Wirbel auf den Boden nieder. Das erste mahnende Zeichen, daß ich mein Leben ändern müsse – ein Schlaganfall. Ich erholte mich wieder von ihm und setzte meine Berufsarbeit und meine Wanderungen fort, nur daß alles doppelt so lange brauchte, weil ich den rechten Fuß ein wenig nachzog. Es war mir nämlich bestimmt, in die Freiheit des Geistes zu gelangen, die keine Grenzen hat, und dahin kommt man nur durch die strengste Fesselung. Eines Tages aber war der glückliche Zeitpunkt da: Ich arbeitete gerade an dem Hauptstundenplan für meine Anstalt, den ich an der Wand meines Arbeitszimmers aufgespannt hatte, da glitt ich aus, wie viele Menschen auf dem glatten, ebenen Boden ausgleiten, und es gelang dem Lenker meines Schicksals, mich vollkommen zu Fall zu bringen, daß ich nicht mehr aufstehen konnte: Ich hatte mir den Oberschenkel gerade am Hals und das Becken gebrochen. Etwas bittere Monate im Krankenhaus, dann fing ich meine Gehversuche auf den Krücken an. Ich brachte es so weit, daß ich vom Bett zum Stuhl und vom Stuhl zum Bett kriechen konnte, so wie es heute noch ist.

Und nun begann der Abschnitt meines Lebens, den ich die Freiheit nenne. Denn von nun an bildete ich mir nicht mehr ein, daß ich was anderes müßte als aufrecht und dankbar sein. Jetzt gingen mir die Reiche des Geistes auf, durch immer neue Länder, durch immer neue Zeiten, durch immer neue Menschenleben ging von da an mein Weg. Ich bin noch nie so viel, so weit und so herrlich gewandert. Nein, ohne diesen Fall wäre ich nicht glücklich geworden.«

»Die mit den geraden Gliedern«, fuhr er fort, »entbehren alles, sie spannen sich in tausend Joche und finden nicht zu sich selbst zurück, mir aber fehlt nichts. In jedem Augenblick habe ich die Gesellschaft der größten Menschen, und alle, die zu mir gehören, kommen zu mir. Sie drängen sich geradezu zu mir her. Auch du bist ja gekommen und hast mir das Beste von deinem Wesen gebracht.«

So sprach er, schenkte sich den braunen Saft ein und lächelte heiter vor sich hin.

»Du bist seit jener Zeit nicht krank gewesen?« fragte ich ihn.

»Nein«, erwiderte er. »Ich habe es nie soweit kommen lassen. Ich habe mir gesagt: Krank ist nur, wer im Bett liegen bleibt, und wer länger als drei Tage zu liegen kommt, der steht nicht mehr auf. Ich bin jeden Morgen aufgestanden, gleichviel wie mein Körper gestimmt war. Arzt habe ich keinen gebraucht und werde auch nie einen brauchen.« –

Es war so, er hat auch in Zukunft keinen gebraucht. Aber im Alter von dreiundsiebzig Jahren packte ihn die Krankheit, in die alle anderen Krankheiten münden und der wir den Namen Tod gegeben haben. Da telegraphierte er mir: »Komm!« –

Als ich die Wohnung betrat, kam mir die alte Magd, die ihn betreute, mit rotgeweinten Augen entgegen. »Es geht gar nicht gut mit dem Herrn Rektor«, sagte sie.

»Wo ist er denn?« fragte ich, »im Bett?«

»Nein, er sitzt im Ohrenstuhl wie immer.«

Ja, dort saß er, aufrecht, aber vom Finger dessen gezeichnet, der allen Menschengesichtern ihre letzte Prägung gibt. Mühsam streckte er mir die Linke entgegen, lächelte ein wenig und saß dann schweigend da. Ein tiefer Ernst hatte sein Wesen eingenommen.

Endlich schob er mir ein abgegriffenes Büchlein hin. Es war seine Lieblingslektüre, das Schatzkästlein des Rheinischen Hausfreundes. Allnächtlich hatte er darin gelesen.

»Nimm, es ist dein«, sagte er kurz. Da wußte ich, daß er schon Abschied von der Welt genommen hatte. Er brauchte kein irdisches Schatzkästlein mehr.

Wir sahen einander lange fest ins Auge.

»Sieht man sich wieder?« fragte ich.

»Ja«, nickte er mit tiefem Ernst, »bestimmt. Wenn ich für dich was tun kann drüben, tu ich's. Geh jetzt, lebwohl!«

Seine Stimme war matt und doch zwingend. Noch einmal drückte ich ihm die Hand, noch einmal blickte ich ihm ins Auge. Dann ging ich.

Eine halbe Stunde später schlug die Sterbeglocke an.

Literarische Werkstatt in Schloss Edelstetten (I)

»Tagebücher schreiben und lesen«
Ein Workshop in Edelstetten am 7. und 8. Oktober 2000
Abfahrt an beiden Tagen: 9.00 ab Univ. Augsburg, Nordschranke, Rückfahrt 17.30 ab Edelstetten

Programm:
Kurze Vorstellung des einzelnen Autors; Lesung und Erläuterung der ausgewählten Abschnitte, Diskussion. Die Reihenfolge der Beiträge ist durch ihre historische und politische Einordnung bestimmt, durch thematische Schwerpunkte wie Liebe – Einsamkeit – Krieg und Tod, und durch ihre sprachliche Form (z.B. Verschlüsselungen, Bilder, Dialoge, Mundart, Arbeitsprotokoll).
Leitung: Dozent Dr. Jürgen Eder und Prof. Dr. Hans Wellmann, Uni Augsburg

(hw) Aus den Tagebüchern, um die es in Edelstetten geht, sei eine Textprobe vorgestellt, die in verschiedener Hinsicht besonders charakteristisch ist. Sie ist den frühen Aufzeichnungen Bertolt Brechts entnommen, die Herta Ramthum 1975 unter dem Titel »Tagebücher 1920–1922. Autobiographische Aufzeichnungen 1920–1954« im Suhrkamp Verlag Frankfurt herausgegeben hat:
Am Sonntag, den 27.6. 1920, steht:

> Mitunter überfällt es mich, daß meine Arbeiten vielleicht zu primitiv und altmodisch seien, oder plump und zu wenig kühn. Ich suche herum nach neuen Formen und experimentiere mit meinem Gefühl wie die Jüngsten. Aber dann komme ich doch immer wieder drauf, daß das Wesen der Kunst Einfachheit, Größe und Empfindung ist und das Wesen ihrer Form Kühle. Das ist mangelhaft ausgedrückt, ich weiß es. Wir sind nachmittags und abends bei Otto, ein fremdes Mädchen (namens Hilde

Münch), Bi und ich. Bi kocht Pfannenkuchen und wird im Kimono fotografiert. Dann sitzen wir noch eine Weile am Domplatz, sie ist sehr müd und hat Fieber; ich bitte sie fast flehend, ihre Fortreise in Stellung auf Montag zu verlegen, bis die Befunde über ihre Lunge da sind. Sie verspricht, es zu wollen, und wir nehmen Abschied.
Im Sommer kann ich nie gut arbeiten. Ich habe kein Sitzleder. Auch bin ich zu ausschließlich positiv. So hindert mich jetzt an der Ausführung des ›Galgei‹ und der ›Hanne‹ die in erster Instanz negative Tendenz. Solang im ›Galgei‹ Ligarch und sein Klamauk der Haupttrumpf war, ging es mir besser« (S. 13).

Dieser Ausschnitt zeigt schon, dass es sich um echte, spontan niedergeschriebene Tagebucheinträge handelt. Darin unterscheiden sie sich schon von späteren »Arbeitsjournalen«, die von vornherein für die Veröffentlichung konzipiert waren, wie die Art ihrer Stilisierung erweist.
Für die spontane Tagebuchniederschrift sprechen hier verschiedene Merkmale: das Vorkommen von Erscheinungsformen gesprochener Sprache (etwa der Apokope bei *müd, hab* und andere Formen der Verkürzung), die Ich-Bezüge, das Nebeneinander von persönlichem Erleben und Reflexion, die spontanen Themenwechsel, die Art der Chronologie, der Verzicht auf fiktionale und rhetorische Gestaltung und auf Erklärungen (Namen wie *Galgei* und *Bi* werden nicht erläutert, es genügt ja, wenn der Schreiber weiß, wovon die Rede ist; zum Verständnis der Tagebuchnotizen: Otto, das ist Brechts Freund Otto Müller, *Bi* ist seine Freundin Paula Banholzer, *Hilde Münch* die Tochter eines Augsburger Zahlmeisters, die als Erzieherin arbeitete, *Galgei und Ligarch* heißen Figuren eines Stückes, das Brecht damals gerade entwarf, und eine *Hanne* kommt in dem Entwurf »Sommersinfonie« vor. *Fortreise in Stellung:* Bi wollte in Nürnberg bei einer Witwe mit Kindern eine Stelle als Erzieherin antreten. Diese Hinweise stützen sich auf das Buch von Werner Hecht u.a.:

Bertolt Brecht. Journale 1, Bd. 26 der Frankfurter und Berliner Ausgabe, Frankfurt a.M. 1997, S.527).

Ein anderer Tagebuchautor ist Theodor Haecker, der 1879 in Eberbach geboren, später vom Protestantismus zur katholischen Religion übergetreten und 1945 in Ustersbach bei Dinkelscherben gestorben ist. Dort hatte er zuletzt, nach seiner Krankheit, Haft und einem Bombenangriff, Zuflucht gefunden. Eine Gedenktafel am Haus Nr. 20 der Hauptstraße erinnert noch an ihn. Während der gefährlichsten Zeit (mit Hausdurchsuchungen und Verhaftungen) entstanden die »Tag- und Nachtbücher«, die von Entsetzen über den Naziterror und von Gotteshoffnung geprägt sind:

> 20.4.1940 »Ihre Stimmen, mein Gott, ihre Stimmen! Immer neu überwältigt mich ihr Verrat. Am furchtbarsten ist ihre Ausgestorbenheit. Tönende Masken menschlicher Stimmen. Stinkender Leichnam der vox humana! Tod, Pest und Lüge in der Wüste einer stolzen Gottverlassenheit!«
>
> 13.9.1941 »Heute wurde bekanntgegeben, daß ab 19. September jeder Jude auf der linken Seite seiner äußeren Kleidung einen gelben Stern, den Stern Davids, des großen Königs, aus dessen Geschlecht der Gottmensch, Jesus Christus, die zweite Person der Trinität, dem Fleische nach geboren ist, zu tragen habe. Es kann die Zeit kommen, daß die Deutschen im Auslande auf der linken Brust ein Hakenkreuz, also das Zeichen des Antichrist, tragen müssen. Durch ihre Verfolgung der Juden nähern sich nämlich die Deutschen immer mehr den Juden und deren Schicksalen. Sie kreuzigen nämlich heute Christus zum zweiten Male, als VOLK! Ist es nicht wahrscheinlich, daß sie ähnliche Folgen durchzuleben haben?«
>
> (Theodor Haecker: Tag- und Nachtbücher 1939–1945. 350 Seiten. Innsbruck 1989. Mit einem Kommentar von Hinrich Siefken. Band IX der Brenner-Studien.)

Essays

Wechselwirkungen
Ein Moment der literarischen Landschaft bayerisches Allgäu

von Ernst T. Mader

Wer über das Allgäu als literarische Landschaft schreiben will, kann z.B. in Leipzig beginnen. 1771 erschien dort die »Geschichte des Fräuleins von Sternheim« und erntete großes Lob, z. B. von Goethe und Herder. Es galt dem ersten so genannten empfindsamen Roman einer Frau in der deutschen Literaturgeschichte. Sie hieß Sophie de La Roche und stammte aus Kaufbeuren. Einer ihrer Enkel wurde ein Guru der deutschen romantischen Bewegung: Clemens Brentano.
Einer ihrer Lehrer in Kaufbeuren war Pfarrer Jakob Brucker; von ihm stammt die erste Geschichte der Philosophie in Deutschland, die sämtliche Strömungen bis ins 18. Jahrhundert umfasst und bald Diderot als eine Quelle für seine große Enzyklopädie diente.
1908 erschien eine Kinderkomödie mit dem Titel »Die Fahrt ins Schlaraffenland«. Ihr Autor war der Gymnasiallehrer Richard Ledermann, geboren in Kaufbeuren, wohin er nach seiner Pensionierung und vielen Stationen im bayerischen Schuldienst wieder ging. Dort, in Kaufbeuren, kam 1929 auch einer seiner Enkel zur Welt: Hans Magnus Enzensberger, der 1955 dann über den Enkel der anderen berühmten Kaufbeurerin, Clemens Brentano, promovierte.
Diese Kaufbeuren-Connection ist einerseits nicht der einzige Beitrag des Allgäus zur Literatur, andererseits auch nicht typisch. Seine zeitlich, räumlich und konfessionell sehr unterschiedliche Produktivität macht es aufs Ganze und durch die

Jahrhunderte gesehen zu einer keineswegs üppigen, aber doch erkennbaren literarischen Landschaft;[1] genauer gefasst:
- Im Allgäu ist Literatur entstanden.
- Gebürtige Allgäuer haben wesentlich dazu beigetragen.
- Das Allgäu zog und zieht Autoren von auswärts an.
- Aus dem Allgäu kommen Autoren, die anderswo schrieben und Beachtung fanden.[2]

Dieses Kommen und Gehen von Autoren zeigt ein bis heute wesentliches Merkmal der literarischen Landschaft bayerisches Allgäu: den Austausch mit anderen Regionen. Es schwamm geistig-literarisch je nach Jahrhundert zwar wechselnd intensiv im Strom der Zeit, blieb aber nie isoliert: Benediktiner in Füssen oder Ottobeuren tun ab dem 8. Jahrhundert, was ihre Mitbrüder in ganz West- und Südeuropa tun: kopieren; und auch später pflegen sie den geistigen Austausch. Hiltbold von Schwangau dichtet Minnelieder in der Tradition Friedrichs von Hausen und Walthers von der Vogelweide (mit dem er bekannt war). Heinrich von Pforzen (bei Kaufbeuren) schreibt im 14. Jahrhundert

---

1 Literatur meint hier Belletristik und Fachprosa in jeder Sprachform, also deutsche Mundart und Schriftsprache oder Latein. Im Allgäu überwiegt die Fachprosa. Zum Konfessionellen: Die protestantische Minderheit im überwiegend katholischen Allgäu hat deutlich mehr zur Literatur der Region beigetragen, als die bisherige Forschung nahelegt.

2 Eine Herleitung dieser Thesen kann aus Platzgründen nicht erfolgen; sie erbringt meine Untersuchung »Literarische Landschaft bayerisches Allgäu« (1994); hier muss es bei Andeutungen bleiben. So zählen zur Literatur im Allgäu z.B. im Füssener Benediktinerkloster St. Magnus kopierte Handschriften (8. Jh.), die Minnelieder des Hiltbold von Schwangau (13. Jh.) oder die Arbeiten von Christoph Städele (Memmingen, 18. Jh.) und Christian Jakob Wagenseil (Kaufbeuren, 18. Jh.) bzw. Alfred Weitnauer, Josef Guggenmos u.a. im 20. Jh. Für ins Allgäu zugezogene Autoren stehen z.B. Froumund von Tegernsee (Kloster Füssen, 10. Jh.), Primus Truber (Kempten, 16. Jh.), Thomas Naogeorg (Kaufbeuren, Kempten, 16.Jh.), Katharina Adler oder Michael Molsner; für jene, die aus dem Allgäu kommen, jedoch anderswo schrieben und Beachtung fanden, z.B. Daniel Federmann aus Memmingen, der im 16. Jh. Petrarcas »Trionfi« übersetzte, oder Wilfried G. Sebald.

NB: Wenn ich von Autoren spreche und nicht von Autorinnen, so deshalb, weil es fast keine gab.

den Schwank »Der Pfaffe in der Fischreuse«, den Hans Sachs später als Quelle für »Die drei Fischreusen« benutzte. Im 15. Jahrhundert zieht in Memmingen mit dem Arzt Ulrich Ellenbog der Humanismus ein; ins Kloster Ottobeuren etwas später mit seinem Sohn Nikolaus.

In jedem Jahrhundert ließ sich Literatur im Allgäu anregen von Strömungen außerhalb. Besonders spürbar werden in der Folgezeit Reformation und Gegenreformation, die europaweite Bewegung der Sprachreinigung (16. und 17. Jh.), die Aufklärung (18. Jh.), und zwar wesentlich intensiver als im benachbarten Altbayern, schließlich Liberalismus und Heimat(kunst-) bewegung (19. Jh.); aber auch die endgültige Integration des Allgäus in den deutschen Literaturbetrieb im 20. Jahrhundert zeigt: Diese Region nahm teil an geistigen Bewegungen der Zeit, blieb nicht nur aufs Eigene beschränkt, ins Lokale verbohrt.

Allerdings war es manchmal etwas spät dran; ein Beispiel ist die so genannte Volksaufklärung im 18. Jahrhundert, die populäre Ausgabe der Aufklärung, also der Versuch, die niederen Stände zu bilden mit Allgemeinwissen und Poesie, ein für die deutsche Kultur- und Sozialgeschichte hochwichtiges Thema. Sie gilt in Deutschland spätestens um 1770 als entfaltet – im Allgäu kann davon erst nach 1780 die Rede sein.[3] Oder: Die erste auch literarisch geprägte deutschsprachige Zeitschrift (»Monatsgespräche«) kam 1689 in Leipzig und Frankfurt a.M. heraus – im Allgäu erst 85 Jahre später: »Kemptische Unterhaltungen zum Unterricht, Nutzen und Vergnügen«.

Die spektakulärste Figur beim Kontakt der Literatur im Allgäu mit den geistigen Strömungen der jeweiligen Zeit machte jedoch Johann Georg Geßler (1734–89), geboren und aufgewachsen in Memmingen und später nach Lindau gezogen, wo er in einer

---

3 Ihr wichtigstes Medium im Allgäu war das vom Kaufbeurer Christian Jakob Wagenseil herausgegebene »Gemeinnüzige(s) Wochenblatt für Bürger ohne Unterschied des Standes und der Religion, besonders in Schwaben« (1780-86 und 1790). Es wollte laut Subskriptionsaufruf vom März 1780 zur »Aufklärung des Verstandes« und »Veredlung des Herzens« beitragen sowie »einem jeden« brauchbar und nützlich sein.

Buchhandlung arbeitete. Was er schrieb, ist singulär im Allgäu und dessen unmittelbarer Umgebung, die Folge ein Musterfall von Zensur im 18. Jahrhundert.

Die Vorgeschichte: 1670 erschien in den Niederlanden anonym und mit einer falschen Verlagsangabe ein Buch mit dem Titel »Tractatus theologico-politicus«. Der Namenlose schockierte seine Umwelt mit dem Gedanken, die Bibel sei kein von Gott den Menschen diktiertes, also irrtumsfreies Buch, sondern das widersprüchliche Dokument menschlichen, konkret: jüdischen Glaubens. Als Autor stellte sich später der aus der Amsterdamer jüdischen Gemeinde ausgeschlossene Baruch de Spinoza heraus, Schleifer optischer Gläser. Mit ihm beginnt die moderne Bibelkritik.

Knapp 100 Jahre später, 1767, erscheint in Deutschland anonym und mit einer falschen Verlagsangabe ein Buch mit dem Titel »Spanisch-Jesuitische Anecdoten«. Die Parallele zu Spinoza ist gewollt. Der Namenlose schockiert seine Umwelt mit einer ätzenden Kritik am christlichen Glauben und seinen amtlichen Vertretern sowie seiner Grundlage, der Bibel. Göttlichen Ursprung spricht er ihr ab. Er kennzeichnet sie als Menschenwerk und attestiert ihr »theils unverständliche, theils lächerliche Sachen«; über weite Strecken sei sie »ein Mischmasch von elenden Romanen, frommen Histörgens und übertriebenen lächerlichen Erdichtungen.« Göttlich scheint ihm nur die Bergpredigt.

Als Autor stellt sich bald der Memminger Johann Georg Geßler heraus. Mit ihm kommt, allerdings vereinfacht und zur Polemik umgeformt, Spinozas Gedankengut ins Allgäu, das zur gleichen Zeit weiter nördlich z.B. Lessing und Herder umtrieb, später Goethe. Geßler lässt einen fingierten katholischen Verleger fingierte Briefe von spanischen Jesuiten veröffentlichen, in denen diese ihre eigene Kirche wie auch den Protestantismus scharf kritisieren.

Diese Jesuiten erscheinen als skeptizistische bis agnostische Aufklärer, die beispielsweise den Teufelsglauben ablehnen wie Pater »L. V. Soc. Je.«: »Das Gedichte von dem Daseyn eines Teufels und seiner fürstlichen Gewalt über die arme Erdkugel, welche wir bewohnen, ist freylich eine Sache, die nicht nur schon von langen Zeiten her denen Klugen und Feindenkenden ist lächerlich gewesen; sondern die auch erst in der Folge der Zeiten, wenn die Freyheit zu denken und zu reden allgemeiner werden wird, noch vollends dergestalt wird zum Gespötte werden, daß sich auch die dümmste Amme schämen wird ihrem Kinde etwas davon vorzusagen. Indessen ist dieses geistliche Märgen doch einige Jahrhunderte lang für eine Menge kleindenkender Kirchenlehrer ein bequemes Mittel gewesen, den unwissenden und aufrührischen Pöbel ein wenig in Schranken zu halten.«

Andere »Jesuiten« bei Geßler verhöhnen den eigenen Orden und bekämpfen beispielsweise den Wunderglauben: »Ist die Wahrheit einer Glaubenslehre göttlich, so sehe ich nicht ein, ob ein einziger Mensch auf dem ganzen Erdboden vermögend ist ihr nur einen Widerspruch von der geringsten Wahrscheinlichkeit entgegen zu setzen; ist sie aber nicht göttlich, so werden alle Wunder der Apostel sie nicht rechtfertigen ... Das einzige wahre Wunder unserer ganzen Kirche, das ich glaube, und das mir das übernatürlichste zu seyn dünkt, ist dieses: daß unser sonst in allen Stücken so witzige Pöbel, bey dem vielen aus- und innwärtigen Umgang mit andern Glaubensgenossen, noch nicht klüger geworden ist, und die frommen Blendwerke noch nicht eingesehen hat, womit wir ihme bis jetzo zur Bereicherung unseres Ordens, die Augen verkleistert haben.«

Seine schon erwähnte Bewunderung der Bergpredigt, immerhin dem Juden Jesus zugeschrieben, hält Geßler allerdings nicht davon ab, an anderer Stelle in den zeittypischen, nur von wenigen Aufklärern wie Lessing abgelehnten Antijudaismus, den religiös gewandeten Antisemitismus, zu verfallen: Juden seien, das zeigten ihre eigenen Schriften, »von Anbeginn Betrüger, ruchlose Menschen und störrige Köpfe; so ist es schwer zu glauben, daß der unendlich gütige Schöpfer ein so ausgeartetes Volk mehr geliebt habe, als alle anderen Nationen; zumal da man weiß, was eben zu ihren Zeiten schon in andern Provinzen des

Orients für wohlgesittete, feine und vernünftige Nationen waren …«

In seinen antijüdischen Ausfällen traf sich Geßler zwar mit den christlichen Kirchen, die er aber nicht nur mit seiner Bibelkritik, sondern auch politisch traf: »Es kann zwar seyn, daß unter denen Nordländern viele wären, die dergleichen widersprechende Dinge [die erwähnten Ungereimtheiten in der Bibel] nicht gar gerne fassen; aber sie müssen, sonst ist Galgen und Rad sammt dem Scheiterhaufen zu ihrer Bekehrung schon bereit. Es ist freylich schon verdächtig genug, wenn eine Religion mit Gerichtsdienern und Henkersknechten muß beschützet und unverfälscht erhalten werden…«

Und eben dieser Mechanismus setzte noch im selben Jahr 1767 ein; die Zensurbehörde machte den Verleger in Ulm (auf dem Buch stand Straßburg) und den Drucker in Nürnberg ausfindig und bestrafte sie mit Hausarrest und Geldbußen. Die meisten auffindbaren Exemplare der »Anecdoten« wurden in Frankfurt, Mainz und Ulm öffentlich zerrissen und verbrannt.[4]

Geßler selbst konnte entkommen: Er floh schon 1767 von Lindau aus in die Schweiz, dann nach Frankreich, wo er 1789 in einem Dorf bei Paris verstarb.

Nur sieben Jahre später, ab 1774, publizierte Lessing in Wolfenbüttel die so genannten Reimarus-Fragmente, die u.a. das Christentum als Betrugsmanöver der Jünger Jesu darstellen. Trotz aufgebrachtester protestantischer Orthodoxie blieb diesen Schriften das Verbrennen erspart, auch wenn nach einer Weile die Zensur eingriff. Offenbar waren die Gedanken im Norden etwas freier als im Süden.

---

4 Erhaltene Exemplare sind in Bayern heute an zwei Stellen öffentlich zugänglich: in der Universitätsbibliothek Augsburg und der Staatsbibliothek München.

Utopie Heimat
Günter Herburger und das Allgäu als topographischer Ausgangspunkt zur Wahrnehmung der Welt

von Gerd Holzheimer

Günter Herburgers publizistisches Debüt findet 1962 in der von Dieter Wellershof herausgegebenen Anthologie »Ein Tag in der Stadt«, mit der Erzählung »Nüssen« statt. Vorbild für das literarische »Nüssen« ist Herburgers Heimatstadt Isny im Allgäu, in die er immer wieder zurückkehrt, obgleich sie ihm als »calvinistisches Kloster« erscheint, als »Lager«.

Immer wieder taucht dieser Begriff »Lager« in Herburgers Schreiben und Erzählen auf. Das ganze Land ist ihm ein einziges Lager: ehemalige Konzentrationslager, Gefängnisse, Schrebergärtenkolonien, Arsenale von Rehakliniken, Campingplätze, aber auch Museen gehören dazu; selbst der Friedhof stellt sich als Lager dar, ein Lager der Toten, das die Lebenden besuchen. Die Bedeutung des Lagers ist eine ambivalente: negativ ist es aus Krieg, Nachkriegszeit und Restauration in Erinnerung, positiv als Bewußtseinslager, in dem die Sedimente von Erleben, Erfahrung und Wahrnehmung abgespeichert sind, abrufbar für jede Art von Beschreibung.

Ambivalent bleibt so auch jede Rückkehr in die Heimat. Immer ist Heimat auch mit Leiden verbunden, die Wege zurück stellen sich solchermaßen als »Kreuzwege« dar – Titel eines ersten Bild-Text-Bandes, 1988 erschienen. »Ich kehre immer wieder in meine Heimat zurück und durcheile sie, staunend, klagend oder auch abgestumpft. Allerdings bin ich inzwischen geübt als Entdecker, Erzähler und Läufer für lange Distanzen, die, wenn die ersten Müdigkeiten und Zweifel überwunden sind, ein ruhiges Strömen vermitteln, eine gleichmäßige Konzentration auseinandergezogenener Wellen.«[1]

»Kreuzwege« sind diese Wege insofern, als sie Leidenswege sind – nicht eines Jesus Christus, sondern eines Menschen, der in seine Heimat zurückkehrt. Im Unterschied zu den ein Jahrzehnt später erscheinenden »Photonovellen« »Das Glück« (1994) und »Die Liebe« (1996) beschränkt er sich hier jedoch noch dezidiert auf diese Heimat, das Allgäu. Auffällig ist – in den Bildern wie in den Sätzen – die dominante Wege-Struktur des Dargestellten. Häufig ist auf den kargen Schwarzweiß-Aufnahmen nur ein weißer Strich in sonst leerer Landschaft zu erkennen: eine Straße, ein Feldweg, ein Pfad. Auf ihnen zieht der Mensch seine Bahn: »In den Beinen wächst allmählich Müdigkeit, ein Vorteil der Widerspiegelungstheorie: Alles, was wir zu erkennen glauben, kann neu gesehen werden, wie ein erstes Mal, als säßen wir auf dem Mond oder als ob wir schliefen.«[2]

Heimat, so verstanden, kann nie etwas Statisches, nur Vertrautes sein, sondern will stets von neuem wahrgenommen werden. Das ist einerseits schmerzlich, andererseits vermittelt diese nie selbstverständliche Aneignung eine Methode, sich einen Begriff von der Welt als ganzer zu machen oder zumindest zu machen suchen. »Heute durcheile ich die Pfade der Fremde und wundere mich, daß ich dafür genügend vorbereitet bin«, heißt es in den »Kreuzwegen«.

Die Welt als eine Welt insgeheimer Beziehungen

Dass die Welt in einem vernünftigen Zusammenhang steht, davon gehen vernunftorientierte Philosophen seit der Aufklärung in Anknüpfung an die Antike aus; es liegt am Menschen, sie im Sinne einer »mathesis universalis«, wie sie Leibniz entwickelt hat, erkundend zu beschreiben. Im Bild der Kette wird dieser universale Zusammenhang eingefangen, als »Kette der Ursachen und Wirkungen«.

---

1 Herburger, Günter: Kreuzwege. Photoalbum. Ravensburg 1988. Ohne Seitenangabe.
2 Herburger, Günter: Kreuzwege.

»Manchmal, wenn ich die Augen schließe, trotzdem aber weitergehe, überkommt mich ein Vertrauen, als gebe es keine Unordnung, sondern überall entständen insgeheim Beziehungen«.[3] »Insgeheime Beziehungen« spürt er auf in einer Welt, die in all ihre Einzelteile zu zerfallen droht, sofern sie überhaupt noch als Einzelteile Bestand haben. In einer Wahrnehmung, die, selbst wenn Günter Herburger ein Läufer ist, der verlangsamten Perspektive des Fußgängers folgt, werden diese »insgeheimen Beziehungen« aufgespart. Wie für Thomas Bernhard sind für Herburger die Spaziergänge mit dem Großvater von prägender Eindruckskraft geblieben. »Zu einem verschwiegenen Einverständnis«[4] verklärt er diese Gänge in die Welt, die er mit keinem anderem Menschen mehr teilen konnte. Aus dem Spaziergänger wird so der einsame Läufer Herburger, der die »Einsamkeit des Langstreckenläufers«[5] nicht nur als Lektüre schätzt, sondern habituell verkörpert. Auch das Laufen stellt für Herburger in der beschriebenen ambivalenten Weise Flucht wie zugleich Suche nach Heimat dar.[6] In »Die Liebe. Eine Reise durch Wohl und Wehe«[7] geht es in allen Geschichten um dieses Thema.

In dem Text mit dem Titel »Kleiner Atlas« steigt Mou-Mou Meknès-Al Ismaila wie in Zen-Geschichten aus ihrem eigenen Konterfei heraus und macht sich auf den Weg. Sie verlässt die Heimat, obwohl diese wie ein »Magnetberg« (ebd., S. 48) wirkt. Die Rückkehr in die Heimat wird in der zweiten Geschichte mit dem Titel »Cornwall« geschildert. Für Sue, ein Schwein, und Fanny, ein Huhn, ist das Heimkommen ein Glück, das sie sich abtrotzen wollen.

In »Lands End« geht Dom Pedro, eine Vogelscheuche, auf Wanderschaft mit Menhiren. Dom Pedro stürzt sich ins Meer. Der

---

3 Herburger, Günter: Die Liebe. Eine Reise durch Wohl und Wehe. München 1996.
4 Herburger, Günter: Das Allgäu. In: Das Flackern des Feuers im Land. Darmstadt und Neuwied 1983, S. 32.
5 Sillitoe, Alan: Die Einsamkeit des Langstreckenläufers. Zürich 1975.
6 siehe bei: Herburger, Günter: Traum und Bahn. München 1994, S. 13.
7 Herburger, Günter: Die Liebe. Eine Reise durch Wohl und Wehe. München 1996.

Kummer über die Vergänglichkeit war zu groß geworden, doch gehen die Menhire an ihren Platz zurück. Remigius Herzer tritt in »Palermo« die Heimreise an, von einem noch nicht in Betrieb genommenen Flughafen, in dem er darauf wartet, dass ihm jemand ein Ticket schenkt.

In der letzten Geschichte, die natürlich »Im Allgäu« heißt, werden Heidrun und Theofried über die Briefe, die sich ins Nichts schreiben, ein Paar. Sie wandern nach Neuseeland aus, kehren aber wieder in die Heimat zurück. »Sie fingen wieder von vorn an. Heidrun wurde Graphologin, Theofried Masseur, der tat, als sei er blind« (ebd., S. 188).

In all diesen Geschichten wird die Liebe, so absonderlich sie sich zwischen vollkommen heterogenen Partnern auch gerieren mag, zum eigentlichen Movens der Suche nach der Heimat, doch ist es nie eine Liebe zur Heimat, wie sie dem Leser als falsches Fachwerk gängiger Heimatliteratur in die Augen springt. Heimat bedeutet immer auch Abrechnung für Herburger; schon sein allererster Gedichtband mit dem bezeichnenden Titel »Ventile« beginnt mit der Verszeile: »Ich kann meinen verurteilen ich schon«[8] – gemeint ist der Vater und dessen Verhältnis zum Nationalsozialismus. Der schwäbische Deminutiv »-le« stellt für Herburger die »Vernieldlichung des Grausigen« dar. »A Schluggle«, sagt er, »das ist immer gleich anderthalb Liter!« Herburgers »Liebe« ist eine andere, eine allumfassende Liebe, die alle Grenzen überschreitend, gerade nicht im Beschränkten ihr Glück findet.

Die Wiederentdeckung der ursprünglichen Einfachheit

Wie problematisch besetzt die hohen Begriffe »Heimat«, »Liebe«, »Glück« sind, merkt man bei Herburger gar nicht – er gibt ihnen auf seine lakonische Weise ihre ursprüngliche Einfachheit wieder zurück und damit auch ihre Unschuld. Noch in den Sätzen der Rezensenten fängt sich ihre schlichte Bedeutung wieder, etwa wenn Michael Braun schreibt: »Das Glück ist reich an zau-

---

8   Herburger, Günter: Ventile. Köln Berlin 1966, S. 7.

berhaften Fundsachen«[9] wobei sich »das Glück« als Buchtitel ebenso wie als Zustand der Euphorie lesen lässt. Von den Fundsachen, fährt Braun fort, kann man das Staunen wieder lernen: »Ein vermeintlicher Maulbeerbaum entpuppt sich als bizarr vereiste Tiertränke, ein verwaister Stuhl in einer funktionslos gewordenen Omnibushaltestelle als Sterbelager« (ebd.).
In »Das Glück. Eine Reise in Nähe und Ferne«[10] vollziehen die einzelnen Texte den räumlichen Bogen aus »Die Liebe« als zeitlichen nach: vom Frühling in den Herbst mit einem Ausblick auf den nächsten Winter reihen sich Bilder und Texte aneinander. Durchgängig thematisiert ist wieder das Laufen, die Reise endet wieder in der »Nähe«, diesmal im »Englischen Friedhof«, nach der Rückkehr aus der »Ferne«, Italien.
Zur Heimat gehört auch das Wissen, wo man seine letzte Ruhe finden wird. Der große bayerische Historiker Karl Bosl hat Heimat oder »Hoamatl« immer so definiert, dass damit zugleich das Wissen um den letzten Weg, den man geht, bezeichnet ist: den von dem Haus, in dem man gelebt hat, zu seinem Grab. Friedhöfe sind von daher zentrale Plätze auf der topographischen Karte »Heimat«: »Hier möchte ich sterben, wo ich geboren wurde, will auf unserem Vorstadtfriedhof ruhen, der .. ein behütetes, auf Kompasskarten hervorgehobenes Kleinod sein würde.«[11] »Wo ich geboren wurde,« heißt es im »Glück«, »werde ich wieder sein«.

---

9 Braun, Michael. Glückskundschafter. In: Basler Zeitung, Nr. 180, 5. August 1994.
10 Herburger, Günter: Das Glück. Eine Reise in Nähe und Ferne. München 1994.
11 Herburger, Günter: Flug ins Herz. Hamburg Zürich 1992, S. 581.

Thuja, oder der Lebensbaum steht in der Mitte des Friedhofs seiner Heimat

Siebzehn Jahre lang arbeitet Herburger an der Thuja-Trilogie, sie steht in der Mitte seines Werkes und seiner Welt, der Thujabaum steht in der Mitte des Friedhofs seiner Heimat, der Thujabaum stellt die zentrale Metaphorik in Herburgers Schreiben dar. Der Lebensbaum steht auf dem Friedhof, menschliches Leben spielt sich mitten unter den Toten ab. Anfang und Ende der gesamten Thuja-Trilogie spielen auf dem Friedhof.

Herburgers Landsmann Gerhard Köpf definiert die Thuja für das Allgäu in ihrer »unumstößlich festgelegten Bedeutung«: »als Hecke und Baum, kränzt Kirchhöfe und krönt Friedhöfe, protestantisch gestutzt: sinnlicher Duft, ein wenig beizend, Versteck für todessüchtige Kinder, die sich dort ihre Sehnsüchte erzählen.«[12] »Versehen mit mir, / der einen Thujabaum in der Mitte des Friedhofs seiner Heimat / sich auserkoren hat / als einen Beweis der Dauer / für zwei-, dreihundert Jahre, / bestehe ich darauf, / daß der Blütenstaub und die kleinen Leiber / der Samen beharrlicher bleiben / als unsere Körper und Gesichter ...«.[13]

Gerd Ueding fasst die Trilogie von ihrem Schluss her zusammen: »Das Buch endet mit einer chaotischen Phantasmorgie auf dem Friedhof, der eigentlichen Heimat der Kinder. Zwischen diesen beiden Polen, ihrer Zeugung und ihrer vielfach beschädigten Heimkehr zu den Toten, erstreckt sich das gewaltige Feld dieser Romantrilogie, zusammengehalten durch Handlungskorrespondenzen, durch die Kontinuität einiger Figuren, wozu auch wieder der Arbeiter und frühere Ich-Erzähler Johann Jakob Weberbeck gehört, längst tot und doch Reminiszenzen weiterlebend.«[14]

---

12 Köpf, Gerhard: Phantasie und Hoffnung. In: Günter Herburger. Texte, Daten, Bilder. Herausgegeben von Klaus Siblewski. Hamburg Zürich 1990, S. 128.
13 Herburger, Günter: Wo sind die Kuckucksblumen? In: Orchidee.
14 Ueding, Gerd: Auf dem Friedhof, wo die Kinder wohnen. In: Die Welt, 15. August 1992.

Herburger selbst reflektiert die Entwicklung seines Romanganzen so: »Alle, die gelebt haben, sind tot. Mein Ich, Johann Jakob Weberbeck auch. Ich bin verschwunden. Nun war die Schwierigkeit: wer erzählt? Also keinen inneren Monolog oder derlei Täuschung mehr, das wäre zu einfach gewesen. Ich saß in Amsterdam, in einer kleinen Stube, war verzweifelt und brach immer wieder in Tränen aus, wollte im Grund zusammenbrechen, ins Krankenhaus oder in den nächsten Priel springen, weil das, was passieren sollte, schon längst da war, bis ich schließlich begann, die Toten sprechen zu lassen, denn die Toten umgeben uns überall.«[15]

Der Autor hat die Empfindung, dass zu Beginn des letzten Teiles der Thuja-Trilogie die beiden Kinder Angela und David »etwas hämisch und desinteressiert von den Toten betrachtet und kommentiert werden«, Britta Steinwendtner formuliert es drastischer: »Im Reich der Toten also endet die Odyssee des Suchens nach einer besseren Welt« (ebd., S. 154) Auch das Ende der gesamten Thuja-Geschichte findet auf dem Friedhof statt, ein Totentanz eigener Art, in dem Lebende und Tote nicht wesentlich voneinander getrennt sind. Die gesamte Trilogie mündet in den Satz: »Das Kind begutachtete sein Reich, sang und sprach mit seinen Geistern, mit uns.«[16]

Vorprägungen der Herburger-eigenen Thuja-Metaphorik finden sich vielfältig in seinem Werk: »Wo aber bin ich? / Bereits tot muß ich mich / in den Ästchen und Maserungen / einer Thuja zu behaupten versuchen, / denn es herrscht Enge. / Verzweigte Verwandte und Ahnen / pochen auf Anwesenheit.«[17] In dem Gedicht »Heimat« aus dem bisher letzten Gedichtband »Im Gebirge« ist die erste Strophe wieder der Thuja gewidmet und all den unausschöpflichen Möglichkeiten, die in ihr steckt: »A-

---

15 zitiert nach: Steinwendtner, Britta: Angela verheißt Glück, so traurig es ist. In: Günter Herburger. Texte. Daten. Bilder. Herausgegeben von Klaus Siblewski. Hamburg Zürich 1991, S. 154.
16 Herburger, Günter: Thuja. Hamburg Zürich 1991. S. 496.
17 Herburger, Günter: Der feuchte Schmetterling. In: Makadam. Darmstadt und Neuwied 1982, S. 13.

bends die Thujahecken / mit einem Rechen kämmend, / strömen Millionen Seelen heraus; / sie riechen nach Ölen.«[18]
Die Utopie Thuja vollzieht einen Kreislauf, der Abenteuerromane ebenso miteinbezieht wie Science-Fiction, literarische Reisebeschreibung, strukturell auf Vorformen wie höfischen Ritterroman, Schelmenroman und Bildungsroman zurückgreift, selbst in Teilen einen plebejischen Roman formt und dabei gleichzeitig durch die Lyrik spukt.

»Doch ich war vorhanden« als Prinzip Hoffnung

Wollte man *einen* Satz der rund zweitausend Seiten umfassenden Geschichte als einen zentralen begreifen, dann vielleicht diesen, im ersten Satz der Trilogiemitte »Die Augen der Kämpfer. Zweite Reise.« fast verborgenen kleinen Nebensatz: »doch ich war vorhanden«. Im Sinne einer Utopie ist das vielleicht nicht viel, aber für eine menschliche Existenz ist es schon viel, im Meer der Toten eine Insel des Überlebens bilden zu dürfen. »Doch ich war vorhanden« beginnt mit dem Einspruch »doch« – ohne Einspruch gibt es auch eine Existenz, aber mit ihm erst eine sinnvoll reflektierte.

Grundlage des »Prinzips Hoffnung« – welches in der Thuja-Sprache den Titel »Geduld und Glut« trägt – ist ein Vertrauen darauf, dass die Natur eine dynamische Kraft in sich birgt, in der und mit der sich alle Möglichkeiten entfalten lassen, welche aus gesellschaftlichen Gründen bisher noch nicht verwirklicht sind. Es geht um einen langen Prozess, in dem sich die geschichtliche Gegenwart als ein Stadium darstellt, das zwischen einer Vergangenheit, in der sich vollgültiges Menschsein noch nicht entwickeln hat lassen, und einer Zukunft steht, die von der Hoffnung auf eine solidarische Menschengemeinschaft geprägt ist.

Besser kann man Herburgers Sehnsucht nach einem neu zu definierenden »Heimat«-Begriff nicht umschreiben als mit den berühmten Schlusszeilen aus Blochs »Prinzip Hoffnung«, wel-

---

18 Herburger, Günter: Heimat. In: Im Gebirge. München 1998, S. 69.

ches nach über tausend Seiten diesen Abschluss findet: »Die Wurzel der Geschichte aber ist der arbeitende, schaffende, die Gegebenheiten umbildende und überholende Mensch. Hat er sich erfasst und das Seine ohne Entäußerung und Entfremdung in realer Demokratie begründet, so entsteht in der Welt etwas, das allen in die Kindheit scheint und worin noch niemand war: Heimat.«[19]

In seinen Texten überwindet der Schriftsteller die Enge der Grenzen: »Wer einmal in solch dichtem Gras gelegen hat, weiß wie die Welt aussehen könnte: Fehlerlos gefügt und methodisch freundlich in der Abhängigkeit des einen vom andern, damit wieder Neues gedieh. Mäuse nagen sich unter den Wurzeln ihre Gänge, Füchse sind nach ihnen auf der Jagd. Vögel sperren im Flug die Schnäbel auf und lassen sich die Nahrung hineintreiben. Die Kühe fressen zentnerweise Frisches, legen sich nieder, käuen wieder, und wo ihre grüne Scheiße hinfällt, wächst es auf diesen Inseln schneller wieder nach« (ebd., S. 564). Die Rückkehr seines Romanhelden Johann Jakob Weberbeck in die Allgäuer Heimat lässt Herburger diese Utopie entwickeln.

---

19 Bloch, Ernst: Das Prinzip Hoffnung. Dritter Band. Frankfurt am Main 1973, S. 1628.

Jakob Brucker – Biographisches und Philosophisches

von Reimar Güthner

Der Anlass für diesen Vortrag war der Festakt zur Namensverleihung an das Jakob-Brucker-Gymnasium Kaufbeuren am 29. 10. 1998.

Unternehmen Sie nun mit mir eine Reise in das 18. Jahrhundert, in welchem der Mann lebte, der schließlich das Rennen um den Schulnamen gewonnen hat.

Machen wir zunächst einmal Halt an einem Wintertag des Jahres 1724, und zwar, um es ganz genau zu sagen, am 6. Dezember jenes Jahres. An diesem Tag trafen sich die evangelischen Mitglieder des Kaufbeurer Stadtrats unter der Leitung des Bürgermeisters Hörmann von und zu Gutenberg im Rathaus mit dem Vorhaben, die dritte Pfarrstelle der Dreifaltigkeitskirche neu zu besetzen, nachdem der bisherige Amtsinhaber eine andere Tätigkeit gefunden hatte. Sie sehen schon, es hatte damals der Stadtrat das Recht, die evangelischen Pfarrer auszusuchen. Von den fünf Kandidaten, die sich ursprünglich beworben hatten, waren zwei in die engere Wahl gekommen – ein Kaufbeurer mit dem Namen Stierle und ein Auswärtiger aus Augsburg, der Jakob Brucker hieß. Man hatte – wie es Brauch war – einen Gutachter hinzugezogen in der Person des Mannes, der die erste Pfarrstelle innehatte, des Pfarrers Merz – dessen Grabstein, ein kleines Kunstwerk, übrigens heute noch auf dem alten städtischen Friedhof zu bewundern ist. Nachdem man zuerst ein Gebet gesprochen hatte, forderte der Bürgermeister den Pfarrer Merz auf, seine Meinung kundzutun. Dieser sagte nun, der Einheimische, nämlich der Kandidat Stierle, scheine recht tüchtig zu sein, aber der andere, der aus Augsburg, das sei wirklich ein ganz hervorragender Mann. Stierle sei capax, also fähig, Brucker aber capacissimus, äußerst fähig. Auch habe dieser mit seiner Probepredigt die Gemüter der Zuhörer in einem solchen Maße für sich gewonnen, dass fast die ganze evangelische Gemeinde den Fremden lieber möchte als den Einheimischen.

Brucker werde zudem nicht nur durch eine Reihe von Empfehlungsschreiben »rekommendirt«, zum Beispiel vom Rektor des berühmten St.-Anna-Gymnasiums in Augsburg, sondern er habe auch schon zahlreiche hochgelehrte Schriften veröffentlicht.
Trotz dieses eindeutigen Urteils, dem sich noch zwei Nebengutachter anschlossen, taten sich die Ratsherren bei der Abstimmung schwer. Wen sollten sie vorziehen? Der eine wurde weniger gut beurteilt, war aber ein Sohn der Stadt, dem gegenüber man eine Fürsorgepflicht empfand, der andere war offenkundig ein Spitzenmann, aber eben kein gebürtiger Kaufbeurer. Entsprechend knapp ging die Wahl aus: Jakob Brucker siegte mit fünf gegen vier Stimmen. Er hatte draußen schon voller Spannung gewartet, wurde nun hereingerufen und es wurde – so steht es wörtlich im noch vorhandenen Ratsprotokoll – »demselben die Wahl gebührend angezeigt, dessen Er Sich gehorsam bedankte«.
Während seiner Kaufbeurer Zeit verfasste Brucker trotz der doppelten Bürde von kirchlicher und schulischer Tätigkeit ein riesiges Werk, das ihn in der ganzen gelehrten Welt berühmt machen sollte und dessen epochemachende Bedeutung man gar nicht hoch genug einschätzen kann.
Ich spreche von seinem Hauptwerk, seiner Geschichte der Philosophie, die bis heute die umfangreichste Philosophiegeschichte ist, die je von einem einzelnen Menschen geschrieben wurde. Sie erschien zunächst in deutscher Sprache in sieben Teilen, die insgesamt neun Bände umfassen. Die ersten beiden Teile haben den Titel »Kurtze Fragen Aus der Philosophischen Historie, Von Anfang der Welt, biß auf die Geburt Christi Mit ausführlichen Anmerckungen erläutert«, für die weiteren musste dann der Titel etwas geändert werden, da sie die Zeit seit Christi Geburt behandeln, und er heißt nun: »Kurtze Fragen Aus der Philosophischen Historie, Von der Geburt Christi Biß auf Unsere Zeiten, mit Ausführlichen Anmerckungen erläutert.« Nun, diese »kurzen Fragen« umfassen insgesamt 9000 Seiten. Davon nun auch nur das Inhaltsverzeichnis vorzulesen, würde den Rahmen

dieser Veranstaltung sprengen, aber einiges davon möchte ich mehr oder weniger willkürlich herauspicken, damit die ungeheure Spannweite dieses Werkes wenigstens in Ansätzen aufleuchten kann. Es heißt da: Von der Philosophie der Hebräer, Von der Philosophie der Perser, Von der Philosophie der alten Araber, Von der Philosophie der Egypter, Von der Secta Jonica (gemeint sind die jonischen Naturphilosophen, wie z. B. Thales von Milet oder Anaximander), von der Schola Socratica, Von der Secta Academica (also der Philosophie Platons und seiner Nachfolger), Von der Secta Stoica (also der stoischen Philosophie), Von dem Zustand der Philosophie bey den Römern vor und um Christi Geburt, Beschaffenheit der Philosophie bey den Jüden nach der Zerstörung Jerusalems, Von der Philosophia medii aevi (d.h. des Mittelalters), Von den merkwürdigsten Veränderungen und Verbesserungen in den einzelnen Theilen der Philosophie in der Vernunftlehre (Newton, Copernikus, Galilei, Macchiavelli u.a.), schließlich: Von der Philosophia exotica (bei den Türken und Persern), Von der Philosophie der »Chineser und Japoneser«. Was die Gesamteinteilung betrifft, so umfasst der erste Teil die Philosophie des alten Orients und einen Teil der griechischen Philosophie, der zweite Teil den Rest der griechischen Philosophie, der dritte die Philosophie der Römer, der vierte die der Juden und der frühen Christen, Teil fünf Philosophie des Mittelalters und der italienischen Humanisten, Teil sechs hauptsächlich die Reformationszeit, mit Teil sieben kommt Brucker von der Reformation bis in die eigene Gegenwart und bezieht schließlich die ganze Welt mit ein, indem er noch Kapitel über die Philosophie vieler Völker hinzufügt, bis hin zu den Indianern Kanadas. Hier zeigt sich ein sehr weiter Philosophiebegriff, letzten Endes zählen alle Äußerungen menschlicher Kultur dazu.

Kaum hatte Brucker dieses riesige Werk fertiggestellt, da drängten ihn Freunde aus dem In- und Ausland, insbesondere aus dem Kreise der Berliner Hugenotten, doch dasselbe Werk auch in lateinischer Sprache herauszugeben, damit es auch Leute lesen können, die des Deutschen nicht mächtig sind, und es so seine Wirkung über die Grenzen Deutschlands hinaus entfalten kann. Das tat Brucker auch, allerdings auf eine für ihn typische Art und Weise. Er fertigte nämlich nicht einfach eine lateinische Übersetzung an, sondern er überarbeitete das Werk so gründlich, dass in vieler Hinsicht etwas Neues entstand. Der Titel heißt nun: »IACOBI BRVCKERI ... HISTORIA CRITICA PHILOSOPHIAE A MVNDI INCVNABVLIS AD NOSTRAM VSQVE AETATEM DEDVCTA« (also: Jakob Bruckers kritische Philosophiegeschichte von den Anfängen der Welt bis auf unsere Zeit geführt) und erschien in Leipzig ab 1742 in insgesamt sechs Bänden, die allerdings zusammengenommen mehr beinhalten als die neun Bücher der deutschen Ausgabe, da sie vom Format her wesentlich größer sind.

Was hat Brucker zu einem solch monumentalen Werk bewogen? Nach seinen eigenen Aussagen wollte er in erster Linie ein Lehrbuch für die Schuljugend verfassen. In der Vorrede zur deutschen Ausgabe schreibt er: »Daß die Philosophische Historie der Jugend, welche eine gründliche Erkänntnis des Wahren und Guten erlangen, und GOtt und dem Nächsten zu dienen auf hohen und niederen Schulen geschickt gemacht werden soll, unumgänglich zu wissen nöthig seye, erachte ich heutigen Tages nicht nöthig mehr zu beweisen, nachdem die Wahrheit unter die heilsamen Entdeckungen unserer Zeiten billig gezählet wird« – eine sehr aufklärerisch klingende Formulierung. Aus diesem pädagogischen Impetus heraus wendet er eine besondere äußere Form an: Sein ganzes Werk ist – fast katechismusartig – in Fragen und Antworten gegliedert. Das klingt dann etwa im Kapitel über die frühen griechischen Philosophen folgendermaßen: »Durch wen ist die Philosophie bey den Griechen zu ihrer rechten Gestalt gelangt?«, und die Antwort beginnt so: »Es haben sich zwey Männer an zweyerley Orten und auch auf zweyerley ganz verschiedene Art um die Philosophie verdient gemacht... nemlich Thales, der sich in der Stadt Mileto, in Jonien gelegen aufgehalten, und Pythagoras aus der Insel Samo gebürtig, der sich aber im unteren Theil Italiens nieder gelassen.« usw. Weitere Fragen lauten dann etwa: »Wer ist dann dieser Thales gewesen«

– »Was lehrte dann Thales?« – »Wer folgte auf Thaletem in der Jonischen Secte?« Nun mag dieses Frage- und Antwortspiel auf den ersten Blick etwas schulmeisterlich klingen, und es erinnert mich ein wenig an meinen Konfirmandenunterricht mit dem kleinen Katechismus des Martin Luther, doch entsteht jetzt durch meine verkürzte Darstellungsweise ein etwas verzerrter Eindruck. In Wahrheit kann man sagen, dass diese jeweiligen Fragen kaum mehr als eine Art von Kapitelüberschriften darstellen. In einer heutigen Philosophiegeschichte würde eine Überschrift beispielsweise lauten: »Die Nachfolger des Thales« – und bei Brucker hat diese Überschrift eben die Frageform: »Wer folgte auf Thaletem in der Jonischen Secte?« Begründet wird diese Frage- und Antwort-Methode mit lerntheoretischen Erkenntnissen. Brucker sagt: »Insonderheit ist diese Methode in der Historie für die Jugend ungemein nützlich, als welche in einer fortwährenden Erzählung nicht alles genugsam begreifen und behalten kan, dahingegen bey Frag und Antwort, wenn selbige mit Deutlichkeit verfasset, und in Ordnung vorgetragen werden, dem Verstand und Gedächtnis fürtrefflich unter die Arme gegriffen, und die Jugend in den Stand gesetzet wird, bey der Wiederhohlung sich selbst helffen zu können.« In der lateinischen Fassung hat Brucker jedoch diese Form aufgegeben, womit dann der ganze äußere Habitus weit wissenschaftlicher wirkt. Was allerdings auch der deutschen Fassung wiederum einen eminent wissenschaftlichen Hintergrund verleiht, ist die riesige Zahl von Fußnoten und Anmerkungen. Brucker hat jede Aussage genauestens belegt, mit zahlreichen Stellenangaben all der Autoren, die er benutzt hat. Man hat sich gewundert, wie das in diesem kleinen abgelegenen Provinzstädtchen Kaufbeuren überhaupt zu bewerkstelligen war. Nun, da unterschätzt mancher wohl die Möglichkeiten der Gelehrten des 18. Jahrhunderts. Brucker erwähnt selbst, dass er mit Unterstützung seiner zahlreichen Freunde Zugriff auf eine Reihe von Bibliotheken, z.B. in Memmingen, Ulm oder Augsburg hatte, und sein eigener Bücherbestand wuchs im Laufe der Jahre auf über zweieinhalbtausend Titel an. Es geht eben vieles auch ohne Internet!

Und nun stellen wir uns also Folgendes vor: Brucker denkt an einen Schulunterricht, ja sogar ein Selbststudium der Jugend mit einem Lehrwerk von 9000 Seiten. Und das dann in einer Anstalt wie der Lateinschule in Kaufbeuren, mit sechs Klassen in einem Raum, mit unregelmäßigem Schulbesuch und all den Problemen, über die Brucker Klage führt. Natürlich war ihm klar, dass er da um viele Nummern zu hoch gegriffen hatte. Er hatte das auch nicht vorgehabt, aber das Werk war ihm, wie das so oft geschieht, im Laufe der Jahre von selber immer größer gediehen. Er greift also erneut zur Feder und fertigt nun eine Kurzfassung des Ganzen in einem Band an. Diese erscheint 1736 unter dem Titel: »Auszug aus den Kurtzen Fragen aus der Philosophischen Historie Von Anfang der Welt Biß auf Unsere Zeiten, Zum Gebrauch der Anfänger«. Im Vorwort gesteht Brucker, dass sein großes Werk wegen der Weitläufigkeit seinen Endzweck nicht erreicht hat, dass es auf die Jugend eher abschreckend wirkt und sie ganz konfus macht.

Diese Kurzfassung wurde dann allgemein der »Kleine Brucker« genannt und war im ganzen 18. Jahrhundert das Standardwerk für eine erste Einführung in die Geschichte der Philosophie. Ein nettes Zeugnis dafür bietet Goethe in seinem autobiographischen Werk »Dichtung und Wahrheit«, wo er beschreibt, wie er sich als Vierzehnjähriger zusammen mit einem Freund anhand des »Kleinen Brucker« in die Philosophie einarbeitet. (Nebenbei erwähnt: Goethe kann dem allen nicht sehr viel abgewinnen, was aber nicht an unserem Brucker liegt, sondern an dem tiefen Misstrauen des Jungen gegenüber spekulativem und abstraktem Denken. Was ihm allerdings typischerweise besonders gut gefällt, ist die Tatsache, dass bei Brucker auch dichterische und religiöse Werke in die Philosophiegeschichte einbezogen werden. Er schreibt: »An den ältesten Männern und Schulen gefiel mir am besten, dass Poesie, Religion und Philosophie ganz in eins zusammenfielen.«)

Nach welcher Methode geht Brucker in seinem Hauptwerk vor? Dazu werfen wir am besten einen Blick in das Vorwort der lateinischen Ausgabe, wo sich Brucker insgesamt fünfzehn Regeln vorgibt. Ich möchte einige davon anführen. Zunächst einmal muss der Forscher unbedingt die Quellen aufsuchen, möglichst das, was die Philosophen selbst geschrieben haben. Man darf also zum Beispiel nicht all das glauben, was Platon und Aristoteles über die Vorsokratiker schreiben, sondern muss diese – wenn irgend möglich – selbst zu Wort kommen lassen, oder wenn keine Quellen vorhanden sind, die späteren Entstellungen kritisch durchleuchten, um zum Eigentlichen durchzudringen. Im Grunde eine Selbstverständlichkeit – aber keineswegs für die Vorgänger Bruckers. Er greift zum Beispiel einen venezianischen Historiker namens Aquilanus an, der sich in seinen Untersuchungen über die Vorsokratiker zu sehr auf Platon und Aristoteles verlassen habe. Man muss weiterhin untersuchen, ob eine Passage eines Philosophen auch wirklich dessen Überzeugung entspricht oder ob er etwas aus einer bestimmten Situation heraus gesagt hat. Daraus folgt, dass der Philosophiehistoriker immer ein Gesamtsystem rekonstruieren und dabei dasjenige, was nicht dazupasst, als unstimmig kennzeichnen muss. Um Widersprüche zu erklären, ist es ganz wichtig, die äußeren Umstände zu untersuchen: das Temperament des Philosophen, seine Erziehung, seine Lehrer, seine Gegner und Feinde, seine Gönner, seine Lebensweise.»Denn diese Umstände« schreibt Brucker »haben die Systeme von Philosophen in breitem Umfang beeinflusst und wenn man sie geringschätzte, ergäbe sich daraus eine undurchdringbare Finsternis. Wenn man sich hingegen von diesen Dingen Rechenschaft gibt, empfängt die Geschichte der Philosophie davon großes Licht. Wichtig ist überhaupt, alle Vorurteile, die sich im Lauf der Zeit gebildet haben, kritisch zu hinterfragen und auszumerzen, wie ja auch sein Werk bereits im Titel das Wort »kritisch« verwendet. Ein Fehler wäre es auch, die Philosophen der verschiedenen Epochen dem Denken der eigenen Zeit anzugleichen, so zu tun – wie es einmal jemand gesagt hat, – als hätten Sokrates, Platon, Aristoteles und Epikur in den Vorlesungen der Universitätsprofessoren des 18. Jahrhunderts gesessen. Johann Gottfried Herder wird das ein halbes Jahrhundert später in seinen »Briefen zur Beförderung der Humanität« in die Forderung münzen, »jede Blume an ihrem Ort zu lassen und dort ganz, wie sie ist, nach Zeit und Art, von der Wurzel bis zur Krone zu betrachten.«

Bei dieser Historisierung der Philosophie stellt sich natürlich auch die Frage nach ihrem Wahrheitsanspruch, und das impliziert wiederum das Problem des Verhältnisses von Philosophie und Theologie. Diese Beziehung war lange Zeit von der neuplatonischen Vorstellung geprägt, dass ein einheitliches Wissen existiert, d.h. dass göttliche und weltliche Weisheit, dass Offenbarung und Vernunft miteinander in Harmonie stehen. Gott habe nämlich mit der Erschaffung der Welt dem Menschen ein Wissen mitgegeben, das allen, also auch den heidnischen Philosophen ebenso wie den Naturvölkern zu eigen sei. Damit sind Philosophie und Religion vereinigt in der gemeinsamen Erkenntnis der göttlichen Ideen, und Aufgabe der Philosophiegeschichte sei es, das Wissen der weltlichen Weisen und das der biblischen Offenbarung miteinander zu harmonisieren.

Philosophiegeschichte wurde damit zur Geschichte des gemeinsamen Teilhabewissens an der göttlichen Weisheit. Diese Vorstellung war jedoch insbesondere im 17. Jahrhundert starken Angriffen ausgesetzt, und Brucker zieht daraus die endgültige Konsequenz und lehnt eine solche Versöhnung von Philosophiegeschichte und christlicher Lehre ab. Er tritt vielmehr für eine strikte Trennung von Philosophie und Theologie ein. Somit fragt er auch weniger nach der Wahrheit der Philosophie, sondern vielmehr nach deren Nutzen. Dieser bestehe darin, dass man von Vorurteilen befreit wird, dass der kritische Verstand geschärft wird (und zwar auch gerade, indem man die Irrtümer der Philosophen durchschaut), dass man bescheiden wird, weil man sieht, wie wir uns alle irren können – und erst von hier aus führt nun für den protestantischen Pfarrer wiederum ein Weg zur Theologie, weil der Mensch nun frei werden kann für die Erkenntnis Gottes. Überflüssig zu sagen, dass Brucker gerade in der Betonung dieses pädagogischen Anspruches der Philosophie in besonderem Maße ein Kind der Aufklärung ist. Auch in der Gliederung seiner Philosophiegeschichte vollzieht sich die eben genannte Trennung. Brucker beginnt die Geschichte der Philosophie von einer christlichen Periodisierung zu lösen, indem er in seiner lateinischen Ausgabe die Einteilung in Philosophie vor und nach Christi Geburt aufgibt und zu einer philosophieimmanenten eigenständigen Periodisierung vordringt. Dazu passt auch, dass er die philosophische Neuzeit nicht mehr mit der Reformation, sondern bereits mit der Florentinischen Renaissance beginnen lässt. Im Übrigen hat er sich ausführlich mit der mittelalterlichen Philosophie beschäftigt, auch das eine Pionierleistung, wenngleich er diese Epoche nicht gerade mit Sympathie betrachtet.

Es waren nicht zuletzt diese Grundsätze und die neue Konzeption, die neben dem monumentalen Charakter des Werkes dazu beigetragen haben, dass Brucker als der Vater der Philosophiegeschichtsschreibung bezeichnet wurde und wird. Dabei trifft auch bei ihm in mancher Hinsicht der Satz zu, der Prophet gelte nichts in seinem Vaterland. Zwar war er in seinem eigenen Jahrhundert in Deutschland eine Berühmtheit und wirkte entscheidend auf die philosophische Diskussion ein, aber neuerdings sind es in erster Linie französische und italienische Autoren, die Bruckers Leistung wieder entdeckt haben. Es gibt ja inzwischen nicht nur eine Philosophiegeschichtsschreibung, sondern auch eine Geschichtsschreibung der Philosophiegeschichtsschreibung. Ich darf Ihnen aus dem derzeit gängigsten Standardwerk dieser Disziplin einiges zitieren. Es handelt sich um das Buch des Franzosen Lucien Braun mit dem Titel »Geschichte der Philosophiegeschichte« (Histoire de l'histoire de la philosophie). Lucien Braun widmet in diesem Werk nicht nur niemandem so viel Platz wie unserem Brucker – insgesamt mehr als 30 Seiten –, sondern er zeigt dessen Bedeutung bereits in der Formulierung mancher Kapitelüberschriften auf. Die lauten zum Beispiel so: »Frankreich vor und nach Brucker« oder: »Deutschland nach Brucker«. Aber ich lasse Lucien Braun mit einigen Sätzen selbst zu Wort kommen. Er schreibt: »Brucker repräsentiert die erste Glanzzeit der Philosophiegeschichte. Jahrhundertelange zögernde Versuche sind hier in einem eindrucksvollen Werk überwunden, worin alles, was man von der Vergangenheit der Philosophie wusste und wiederholte, wieder aufgenommen, neu beschrieben, in neuer Anordnung sich vorfindet. Brucker stellt sich damit gegen eine ganze Tradition der Geschichtsschreibung, die nichts spezifisch Philosophisches hatte und der Philosophie als einem literarischen Genus unter anderen gegenüberstand. Indem er aus der Geschichte der Philosophie eine philosophische Geschichte macht, d.h. indem er sie von ihren Prinzipien aus neu durchdenkt, verwandelt er mit einem Schlag den Bereich ständigen Wiederholens zu einem Ideenvorrat, dafür bestimmt, eine Konstruktion zu nähren, die das eigentliche Wesen der neuen Disziplin darstellen wird.«

Und an anderer Stelle heißt es: »Die Historia Critica stellt für die Geschichte der Philosophiegeschichtsschreibung das Monument dar, an dem man sich zu orientieren hat… Diese Vollendung ist derart offenkundig, dass das 18. Jahrhundert Brucker folgen wird. Philosophen und Gelehrte werden die Geschichte der Philosophie aus dem Werk des Pastors von Augsburg lernen.«

Im Übrigen war die Wirkung Bruckers schon im 18. Jh. in Frankreich mindestens so groß wie in Deutschland, und – von Frankreich ausgehend – im ganzen aufgeklärten Europa. Das liegt in erster Linie an dem großen Universalgenie Diderot, dem Schöpfer der französischen Enzyklopädie. Es ist dokumentiert, dass Diderot im Jahre 1750 in Paris aus der königlichen Bibliothek Bruckers lateinische Version der Philosophiegeschichte entliehen hat. Er war von ihr so angetan, dass fast alle Artikel seiner Enzyklopädie, die sich auf die Philosophiegeschichte beziehen, Übersetzungen aus Bruckers Werk sind. Der Diderotspezialist Jaques Proust schreibt in seinem Werk: Diderot et l'Encyclopédie (Paris 1962): »Durch einen glücklichen Zufall fand Diderot in Jakob Bruckers Historia Critica nicht nur die gesamten Fakten und Begriffe, die er zu seinem eigenen Zweck brauchte, sondern überdies ein Vorbild an kritischem Geist und historischer Strenge.« Und Lucien Braun sagt dazu: »In der zweiten Hälfte des 18. Jahrhunderts erscheint (in Frankreich) eine ganze Reihe von Werken, die sich ausschließlich auf seine Historia critica stützen, insofern hat sein Werk auf dem Gebiet der Philosophiegeschichte nicht seinesgleichen. Es ist das Monument, auf das sich alle aufgeklärten Geister des damaligen Europa beziehen.« Wahrscheinlich besaß Brucker nur eine ungefähre Ahnung davon, welche Wirkung er gerade in Frankreich hatte, und vielleicht wäre er nicht einmal besonders glücklich darüber gewesen, denn der fromme Lutheraner und Pietist hätte erleben müssen, dass sein Werk dort auch zu Angriffen auf die Religion diente.

Erst gegen Ende des achtzehnten Jahrhunderts kommt auch Kritik an Brucker auf. Das ist nicht verwunderlich, denn die großen Fortschritte, die gerade in der zweiten Hälfte des Säkulums auf dem Gebiet der Geistesgeschichte gemacht wurden, ließen manches nun als rückständig erscheinen. So wurde z.B. im Jahre 1797 ein Werk mit dem Titel »Geist der spekulativen Philosophie« veröffentlicht, dessen Verfasser, er heißt Tiedemann, sich kritisch über Brucker äußert und seinen eigenen Zeitgenossen vorwirft, sie glaubten immer noch, seit Brucker sei nichts Neues geschehen. Doch gerade am Wortlaut dieser Äußerung wird auch deutlich, dass ein Teil dieser Kritik weniger auf sachlichen Fundamenten steht, sondern dass da eine Enkelgeneration aus dem übermächtigen Schatten des großen Vorgängers heraustreten will. Das gilt auch für den schärfsten Kritiker, nämlich Hegel, der einerseits Bruckers Verfahren als unhistorisch anprangert, sich andererseits aber in seinen Vorlesungen und Schriften immer wieder auf ihn stützt. Schopenhauer hingegen scheint ein besonderes Faible für Brucker gehabt zu haben. Er rühmt die Gründlichkeit des – wie er sagt – »wackeren Bruckers« und kontrastiert sie mit der Oberflächlichkeit seiner philosophierenden Zeitgenossen, über die er seinen beißenden Spott verschüttet.

Literaturverzeichnis

Karl Alt, Die Lateinschule der freien Reichsstadt Kaufbeuren und ihr berühmtester Rektor Magister Dr. Jakob Brucker, Kaufbeuren 1926 (Phil. Diss. Erlangen); Ursula Behler, Eine unbeachtete Biographie Jacob Bruckers, in: Jacob Brucker (1696-1770); Philosoph und Historiker der europäischen Aufklärung, hg. Wilhelm Schmidt-Biggemann und Theo Stammen (Colloquia Augustana Bd. 7), Berlin 1998, S. 19–73; Lucien Braun, Geschichte der Philosophiegeschichte, Darmstadt 1990; Franz Herre, Jakob Brucker, in: Lebensbilder aus dem Bayerischen Schwaben, Bd. 6, S. 372–387; Rainer Jehl, Bonaventura in der Encyclopédie Diderots, in: Wissenschaft und Weisheit 48 (1985), S. 33 – 47; Rainer Jehl, Jacob Brucker und die »Encyclopédie«, in: Jacob Brucker ... (s. bei Behler), S. 238–256; Fritz Junginger, Geschichte der Reichsstadt Kaufbeuren im 17. und 18. Jahrhundert, Neustadt/Aisch 1965 (Diss. München); Ernst T. Mader, Literarische Landschaft bayerisches Schwaben, Blöcktach 1994; Wilhelm Schmidt-Biggemann, Jacob Bruckers philosophiegeschichtliches Konzept, in: Jacob Brucker ... (s. bei Behler), S. 113–134; Hans-Peter Schütt, »Iungenda cum arte rationali ars critica« – J.J. Bruckers hermeneutische Vorsätze, in: Unzeitgemäße Hermeneutik, hg. Axel Bühler, Frankfurt/M. 1994; Theo Stammen, Jacob Brucker: ›Spuren‹ einer Biographie, in: Jacob Brucker ... (s. bei Behler), S. 74–82; Leonhard Weißfloch, Magister Dr. Jakob Brucker, Kaufbeurer Geschichtsblätter 1965, S. 108–110; Gunther Wenz, Johann Jakob Brucker als Theologe, Augsburg 1995 (Vortragsmanuskript).

Schlagwort

»Millennium« oder die Magie eines Wortes

von Lorelies Ortner

Wir alle haben sie erlebt, die Faszination der Jahrtausendwende: Zuerst war das Millennium nur gelegentlich in den Medien präsent, vom Millennium-Dome oder vom Millennium-Virus war da die Schreibe. Bereits im Oktober 1999 aber hatte der Zeitensprung thematische Hochkonjunktur in allen Medien und auf allen Kanälen. Im Dezember 1999 artete die Konjunktur dann zu regelrechter medialer Hysterie aus. Das *Zugpferd Millennium* war Garant für Prestige, Profit und Publikumswirksamkeit.[1]

Wir alle sind aber nicht nur dem Jahrtausendthema anheimgefallen, wir sind auch mit einem Wortnetz für dieses Thema überzogen worden. Auch die Vokabel »Millennium« hatte Hochkonjunktur: Die Gesellschaft für deutsche Sprache in Wiesbaden erklärte sie zum »Wort des Jahres 1999«.

Die folgende sprachwissenschaftliche Retrospektive beleuchtet schlaglichtartig den Siegeszug des Wortes *Millennium* in den Medien.

Die Bedeutung des Wortes *Millennium* und wie das Wort zum Modewort wurde

Historisch gesehen ist mit dem Wort im Jahr 1999 viel passiert: In Fremdwörterbüchern des 19. und des 20. Jahrhunderts wer-

---

1 Die kursiv gedruckten Beispiele stammen aus der Presse, aus Rundfunk und Fernsehen, aus Werbeschriften und aus den verschiedensten deutschsprachigen Internetseiten. Ich danke dem Innsbrucker Zeitungsarchiv IZA für die freundliche Unterstützung. Dem Institut für deutsche Sprache (Mannheim) danke ich für das großzügige Nutzungsrecht der Wörterdatenbank COSMAS.
Die unterschiedlichen Schreibweisen (*Millenium* mit nur einem *n*, *Millennium* ohne Bindestrich, *Millennium-* und *Millenniums*) sind unverändert aus den Originaltexten übernommen worden.

den für *Millennium* (aus lateinisch *mille* = ›tausend‹ und *annus* = ›Jahr‹) einheitlich nur zwei Bedeutungen angegeben:

a) ›1000 Jahre, ein Jahrtausend‹ (vgl. Millennium »tausend Jahre Österreich«; drei Höhenfeuer …, die die drei Millennien in unterschiedlichen Farben symbolisieren sollen).

b) ›das tausendjährige Reich der Offenbarung Johannis‹.

Zu diesen zwei Bedeutungen kommen im Jahr 1999 plötzlich mehrere andere hinzu:

c) ›Zeitpunkt, an dem eine neue 1000-Jahr-Periode beginnt‹/›Jahrtausendwechsel‹; spezifischer: ›Silvester/Neujahr 1999/2000‹ (vgl. *das glücklich überstandene Millennium; in der Post-Millennium-Ära; Millenniumsschaf*: ›das erste zu Neujahr 2000 geborene Schaf‹).

d) ›das Jahr 2000 (und das damit verbundene Problem der EDV-Datenumstellung)‹ (vgl. *Millenniumssicherheit* gleichbedeutend mit *Jahr-2000-Sicherheit*).

e) ›größt/längst/meist‹, ›herausragend‹, ›von bester/höchster Qualität‹ (dient zur Superlativierung, vgl. *die Frau des Millenniums* oder: *der Millenniumswebstuhl … hat die Aufgabe, 100 Jahre lang, Tag für Tag … einen Fleckerlteppich zu weben … in 100 Jahren diesen Millenniumsfleckerlteppich zu kaufen*).

f) Markenname (vgl. *Einen besonderen Weihnachtsstern gibt es heuer bei Blumen Seidemann. Der dunkellaubige, dunkelrote Weihnachtsstern ist eine Eigenproduktion des heimischen Traditionsgärtners und heißt »Millennium«*).

Mit diesem Gebietsgewinn auf dem Sektor Bedeutung – vor allem mit der Erweiterung der Bedeutung von ›Zeitraum‹ zu ›Zeitpunkt‹ und mit der neuen superlativischen Bedeutung – war der Startschuss für den Siegessprint des Wortes *Millennium* gegeben: es war vielfach anwendbar, ein bequemes Etikett in allen Lebenslagen, es wurde zum Modewort (das z.B. im April 2000 auf mehr als 43.000 Webseiten im deutschen Sprachraum über 1,5 Millionen Mal verwendet wurde![2]).

---

2 Nach AltaVista.de.

Millennium und sein Gefolge: Assoziationen werden verbalisiert:

Welches die mit dem Wort *Millennium* verbundenen Denkschemata sind, lässt sich gut aus dem Gebrauch des Wortes in Texten ablesen. Im Schlepptau des Leitwortes *Millennium* kommen die verschiedensten Ausdrücke vor. Unter den Gefolgswörtern von *Millennium* wird die Kategorie der Exklusivität am häufigsten bemüht: *einmalig* scheint das Zauberwort zu sein, unter dem auch scheinbar gegensätzliche Assoziationen wie *sündteuer* und *besonders günstig* friedlich vereint sind. Insgesamt herrscht der Eindruck des »Superlativismus« vor, der durch entsprechende grammatische Formen verstärkt wird: *Disneys Millennium ... Disney veranstaltet ein Megafeuerwerk ... Tausende von Kerzen bilden einen Sternenteppich im Universum. Flammenwerfer inszenieren ein gigantisches Inferno. Wasserfontänen werden unisono zu einer in Hollywood komponierten Sinfonie vom Keyboard aktiviert.*

Konkurrenzwörter: *Millennium* oder *Jahrtausend*?

Im Jahr 1999 konnte man beobachten, wie das Wort *Millennium*, das bis dato in den Medien ein Schattendasein geführt hatte, plötzlich den alteingesessenen Ausdruck *Jahrtausend* verdrängte – die Welt erlag der Magie des Fremdwortes *Millennium*. Obwohl es durchaus klingende Zusammensetzungen mit *Jahrtausend* gibt (wie *Jahrtausendpapier*, *Jahrtausendschock* und *Jahrtausendmacke*), wird das alte Erbwort schwer ins Abseits gedrängt. Allerdings hat es zum Zweck der Ausdrucksvariation noch wichtige Aufgaben zu erfüllen, vgl. *Ihr Millenniums Supermarkt ... Unser Konzern wurde ... zum »Supermarkt für das nächste Jahrtausend« gewählt*.

Ein schönes Beispiel für mögliche Trabantenwörter von *Millennium* bietet das heißdiskutierte Thema »das erste Baby im Jahr 2000«.

Kulturgeschichte des Millenniums im Spiegel der Wörter:

Zahlreiche Zusammensetzungen mit dem Wort *Millennium* spiegeln ein wichtiges Stück Alltagskultur der Jahrtausendwende

wieder: wie die Menschen denken, wie sie handeln, wie sie feiern, wie sie kommunizieren, was sie kaufen und – nicht zuletzt – welche Emotionen und Einstellungen sie haben. Was hatten findige Medienmenschen nicht alles zu benennen! Da war einmal die **Zeit** an sich, die ein faszinierendes Thema darstellte: Für Sportler winkt die *Millenniums-Saison*, für Damen ist der Silvester das reinste *Mode-Millennium*, für Politiker beginnt ein *Friedens-Millennium*, der Miele-Konzern hofft auf Geschäfte mit dem *Mielennium*, der Supermarkt Billa feiert das *Billennium* und der Optiker läutet das *Brillennium* ein.
Auch der **Mensch** wurde unter der Perspektive des Millenniums gesehen: *Möchtegern-Millennium-Baby-Eltern* oder *Millennium-Tanten* des *Fast-Millenniumsbabys* führen den Reigen der Personenbezeichnungen an, gefolgt von *Millenniums-Architekten*, *Millenniums-Magiern* oder gewählten *Millenniums-Prinzessinnen*. Schwierig ist es, die *Miss Millennium* zu werden, fast unmöglich erscheint der Aufstieg zum *Mister Millennium* – der braucht nämlich den entsprechenden *Millenniums-Bart*.
Millennium und die (nahe oder ferne) Zukunft – dies waren in den Medien oft diskutierte Zwillingsthemen. Es ist daher nicht verwunderlich, dass auffällig viele Bezeichnungen für **Zukunftsentwürfe** verwendet wurden: *Millenniums-Alarmpläne* werden verwirklicht, *Millenniums-Möglichkeiten* erörtert, *Millenniums-Devisen* ausgegeben, *Millenniums-Tips* mitgeteilt und *Millenniums-Methoden* (etwa *gegen Übergewicht*) an Änderungswillige weitergegeben. Wild entschlossen, das Millennium zur »größten Party der Menschheit« zu deklarieren, stürzten sich Personen allerorts in heftige **Aktivitäten**, für die in den Medien Benennungsbedarf entstand: Eine *Millenniumsagenda* wird bald zur echten *Millenniums-Herausforderung*, *Millenniums-Sensationen* müssen geboten werden, um den erwünschten *Millenniumseffekt* zu erzielen. Zahlreiche *Mega-Millenniumevents* sind angesagt wie etwa der *Milleniums-Bergsilvester*, das *Millennium-X-Mas-Festival* oder als einmalige musikalische Überraschung der *Millenniums-Stadel*. Viele **Institutionen** wurden anläßlich des Millenniums neu gegründet oder mit neuen Bewertungen versehen – auch sie

mußten benannt werden: Um die Vermarktung des Millenniums kümmern sich der *Millenniums Supermarkt* und das *Millenniums-Postamt*. Informationen gibt's beim *Ö3-Millenniumscafé* im Rundfunk. **Orte und Gebäude** werden vom Thema Millennium her benannt: Herrliches *Millenniumswetter* auf der *Millennium-Insel*! Wo findet das Millennium statt? Der *Millenniumshügel*, der *Millenniumshain* und das *Millennium-Dorf* sind Attraktionszentren am *Millenniums-Abend*. Auch Bezeichnungen für **literarische Gattungen, kommunikative Ausdrucksformen, Spiele und Druckwerke** wurden oft mit dem Modewort *Millennium* geschmückt: Man liest den *Millennium Krimi* und schlägt im *Millennium-Wörterbuch* nach, Informationen gibt es in *Millennium-Magazinen* und in *Millennium Web-Sites*.

Millennium: Assoziationen der positiven Zukunft, des Neuen, der Heilserwartung (geprägt durch den christlichen Millenarismus) und »Neustartphantasien« – aber auch Assoziationen des Ungewissen, des bedrohlichen Zukunftsdunkels, des Aberglaubens, der Angst und der Panik. Diese negativen Emotionen wurden u.a. von den Medien systematisch genährt durch immer schwärzer ausgemalte Szenarios zum *Millenniums-Crash* anlässlich der *Datumsumstellung* im **EDV-Bereich**. Lässt schon das Wort *Millennium Virus* die Sache unangenehm belebt erscheinen, so vermitteln die Metaphern *Millennium-Bug* = *Millennium-Wanze* erst recht ein bedrohliches Bild des Auf-den-Pelz-Rückens von höchst lebendigem und schädlichem Ungeziefer. Beruhigt wird der verunsicherte Mediennutzer bald aber mit der Meldung, daß ja allenthalben *Millenniums-Kampagnen* und *Millenniums-Initiativen* gestartet werden. Beim Millennium-**Finanz-Geschäft** wollten alle mitmischen. Der Werbung kam das Modewort *Millennium* äußerst gelegen: Mit *Millennium-Invests*, *Millenniums-Anleihen* und *Millennium Deals* locken die einen, mit *Millennium-Freundschaftspreisen*, *Millenniums-Bonus*, *Millenniums-Konditionen* und *Millenniums-Sonderpreisen* winken die anderen.

Kaum ein Unternehmen, das nicht auf den Millenium-Trend aufsprang. Mannigfache **Produkte** wurden durch das schillernde Modewort interessant gemacht: Verkauft wird *Millenniums-Tourismus* mit echten *Millennium-Verwöhn-Arrangements*, so etwa, wenn für läppische $ 100.000 im Hotel Ritz-Carlton die wahre **kulinarische** *Millennium-Experience* auf dich wartet: Ist vielleicht das 9-gängige *Millenniumsmenü* mit *Millennium Wildlachs*, *Millennium-Kaviar* und *Millennium-Sekt* gefällig? *Millenniumstaugliche* wissen, daß für den *Ultrasilvester* als **Kleidung** nichts gut genug ist: So tritt man in bescheidener Understatement-Manier *Budget-Millenniums-chic* im trendigen *Einmal-im-Leben-etwas-Besonderes-Gewand* auf: vom *Millennium-Bra* angefangen über den *Millenniums-Body* bis hin zur *Millenniums-Robe* präsentiert sich der *Millenniums-Look* exklusiv und ungewöhnlich. Auch andere **Waren**bezeichnungen beziehen sich auf das Design mit dem 2000er-Logo: Kein *Millenniums-Silvester* ohne *Millennium-Flaschenstopper*, ohne *Millennium Champagner Kelche* (*deren Stiele aus der Jahreszahl 2000 geformt werden*) und ohne *Millennium-Fahne*, die als »Wende«-Produkt den Schritt ins nächste Jahrtausend symbolisieren soll.

Das Millennium boomt(e) – in Sache und Wort. **Menschliche Gefühle** angesichts dieses Großereignisses schließen den Reigen der in den Medien durch die Millenniumsperspektive gesehenen Themen: Groß ist das *Millennium-Tamtam*, kein Wunder, daß bei der *Millennium-Generation* die *Pre-Millennium-Tension* stark zu spüren ist. Es könnte ja sein, daß das *Millenniums-Chaos* bei vielen *Millenniums-Panik*, *Millenniums-Hysterie* oder *Millenium-Depressionen* auslöst. Aber die meisten freuen sich über den *Millenniums-Rummel*: eine *Millennium-Epidemie* ist ausgebrochen, je größer das *Millennium-Tohuwabohu*, desto mehr nimmt das *Millennium-Fieber* zu. Und am 31.12. *Millenniums-Abstinenz*? Nein, danke! Man will ja kein *Millenniums-Muffel* sein, da nimmt man denn doch noch lieber den *Millenniumskater* in Kauf!

Millennium als Markenname

Flink war die Wirtschaft, als es darum ging, rechtzeitig auf den Markennamen-Zug aufzuspringen. Ob rechtlich geschütztes Markenzeichen oder Selbsternennung – die klingende Vokabel

Millennium eignet sich hervorragend, ein Produkt aus der Masse anderer hervorzuheben, indem man ihm einen unverwechselbaren Namen gibt. Der Name identifiziert ein Produkt, von ihm kann »Vertrautheit und Vertraulichkeit« ausgehen. *Meran hat seinen Hausberg »Meran 2000« zum Millenniumsberg erkoren.* Ein Planet, ein Stern, eine Inselgruppe (Kiribati), eine Stadt (London), mehrere Türme und ein Baby (das erste Baby des Jahres 2000) reklamieren für sich den Eigennamen *Millennium*. Handelsketten und Institutionen schmücken sich mit dem Namen (z.B. die Klassenlotterie).

Das Spiel mit den Wörtern

Alles, was häufig vorkommt, verliert mit der Zeit seinen Reiz – so auch das Wort *Millennium*. Besondere Sprachtricks sollen die Aufmerksamkeit der Leser wecken: Es wird gelegentlich gereimt (*Millennium-Tops und -Flops*) und wortgekreuzt (*Millionium, MillenniumsViehsieohnen*). *Millissimo* jubelt die Autoindustrie im Superlativ, und der Kosename *Milli* wird als liebevolles Kurzwort für das erhabene Ereignis eingeführt (im 19. Jahrhundert war *Milli* nur ein Hundename!). So machen wir denn auch bald aus dem Millennium eine/n von uns, es wird metaphorisch als lebendige, selbständig handelnde Person dargestellt: Wir fotografieren ein modisches *Millennium in Versace* und fragen uns: *Wo rockt das Millennium?* Nicht zuletzt werden Redewendungen bemüht und spielerisch durch Abwandlungen wiederbelebt, etwa wenn wir eingeladen werden, *eine Millenniumsrunde zu drehen*, um allen anderen *eine Millenniumsnase voraus zu sein*.

Einstellungen gegenüber einem Reizwort

Millennium, Millennium – das Wort schwirrt mir im Kopf herum. Das arme Wort *Millennium!* Wie wurde es überstrapaziert, wofür musste es nicht herhalten! Und die Wirkung beim Publikum? Zum »Scheißwort« wird es in Umfragen im Januar 2000[3] degra-

---

3 Umfrage unter 116 Studierenden der Universität Innsbruck, ergänzt durch das Internet-Forum www.assoziations-blaster.de

diert, als »bescheuertes Wort« eingestuft, »abgedroschen«, »abgelutscht«, »aufgebauscht«, »gepusht«, »gehypt«, »hochtrabend«, »bombastisch übertrieben«, »verkitscht« und »emotionsgeladen«. *Millennium* ist »das unangenehmste Wort des Jahres«, »es malträtiert meine Nerven«, »ich kann es nicht mehr hören«, »es hängt mir zum Hals heraus«, »es läuft mir kalter Schauer über den Rücken«, »ich bekomme Schreikrämpfe«, »das Wort verursacht Brechreiz«, »ich werde aggressiv«.

In der Umfrage waren aber nicht nur negative Kommentare zu hören; es wurden auch Gegenstimmen laut: *Millennium* gilt als »kurz und prägnant«, »wohlklingend melodisch«, »ist weich«, »eindeutig«, »ein offizielles Wort«, »innovativ«, »modern« und »zukunftsträchtig«. Das Wort klingt »angenehm«, »geheimnisvoll«, »mystisch«, »bedeutungsreich«, »aufregend«, »spektakulär«, »toll«, »großartig«, »respekteinflößend«, »feierlich« und »hat eine erhabene Wirkung«.

Ausblick: Hat das Millennium die deutsche Sprache verändert?

Die Antwort ist »Ja« **und** »Nein«! Das Wort *Jahrtausend*, das – laut Umfrage – zwar »imposant«, »pompös« und »antik« wirkt, sich im Vergleich zu *Millennium* aber als »solid«, »wohltuend schlicht« und »normal« präsentiert, hat ein Konkurrenzwort bekommen. Für die kurze Zeit der 1999/2000er Wende hatte das früher sehr selten gebrauchte Wort *Millennium* durch rasante Bedeutungsveränderungen Hochkonjunktur. So einmalig das Millennium auch war und ist – der Boom des Wortes *Millennium* hat gesamtsprachlich gesehen dennoch keinen Exklusivitätsanspruch, er folgt einem wohlbekannten Muster: Wörter mit enger, spezifischer Bedeutung erweitern ihre Bedeutung, schwächen die ursprüngliche Bedeutung ab und werden zu allseitig verwendbaren Superlativ-Zeichen, zu sogenannten Hochwertwörtern.

Wir alle haben sie erlebt, die Faszination der Jahrtausendwende. Werden wir uns nur an den Millenniums-Rummel erinnern oder auch an die Magie des Wortes? Oder verblasst das Wort *Millen-*

nium selbst wie der immer mehr in die Ferne rückende *Millenniumswinter* 1999/2000? Kein Problem: das Einzelwort mag in Vergessenheit geraten, das Muster der Hochwertwörter aber ist, wenn auch vielleicht nur kurzfristig, durch ein neues Hochwertwort gestützt worden und bleibt bestehen – nichts Neues also unter der *Millenniumssonne*!

Ausstellung in der Diskussion

Über die Ausstellung *Gesammelte Zeiten* in Oberschönenfeld

von Prof. Dr. Hans Frei

Lebenswerk und Veröffentlichungen: Vergrößerung eines literarischen Textes mit originaler Handschrift und zahlreiche Fotos aus verschiedenen Lebenssituationen im Wohn- und Schulort Kornau (1938 bis 1989).

Leben und Werk des Dichters Arthur Maximilian Miller im Schwäbischen Volkskundemuseum Oberschönenfeld

Aus Anlass des Jahrtausendwechsels präsentierte das Schwäbische Volkskundemuseum Oberschönenfeld unter der Trägerschaft des Bezirks Schwaben von Dezember 1999 bis Oktober 2000 eine umfangreiche Sonderausstellung mit dem Titel »Gesammelte Zeiten«. Sie setzte sich unter dem Motto »Uhrenzeit – Jahreszeit – Lebenszeit« mit verschiedenen Aspekten der »Zeit« auseinander. Von der Geschichte der Uhr als Zeitmesser und ihrer Bedeutung im privaten und öffentlichen Leben bis zur

Darstellung der Jahreszeiten in der Volkskunst reichte das breite Spektrum der sehenswerten Exponate aus verschiedenen Epochen.

Die Abteilung »Lebenszeit« wurde exemplarisch an zwei Biographien vorgestellt. Grundlage der Ausstellung waren in diesem Fall keine biographischen oder autobiographischen Aufzeichnungen, sondern die persönlichen Hinterlassenschaften von zwei Personen aus Schwaben, die das 20. Jahrhundert erlebt haben. Dabei konnte das Museum auf umfangreiche Bestände zurückgreifen, die der Bezirk Schwaben in den letzten Jahren als Nachlass übernommen hatte. Solche Sammlungen mit biographischem Hintergrund bilden über die museale Bedeutung der einzelnen Objekte hinaus eine vorzügliche Quelle, um die Lebensgeschichte und die Lebensstationen bestimmter Personen konkret und anschaulich darzustellen. Da jede Lebensgeschichte ein Stück Zeitgeschichte widerspiegelt, vermitteln die ausgestellten Gegenstände auch eine Aussage von den politischen, ökonomischen oder kulturellen Lebensumständen. Ziel und Aufgabe der Abteilung »Lebenszeit« war es, am Beispiel von zwei individuellen Lebensgeschichten die Entwicklungen des 20. Jahrhunderts, die grundlegenden Veränderungen und Neuerungen dieser Epoche aufzuzeigen.

Die Lebenszeit des Lehrers und Dichters Arthur Maximilian Miller (1901–1992) umspannt nahezu das ganze 20. Jahrhundert. Sein Leben verlief abseits der großen geschichtlichen Ereignisse. Tages- und Parteipolitik kümmerten ihn kaum, doch blieben die Zeitströmungen nicht ohne Einfluss auf sein persönliches Schicksal und sein berufliches Wirken. In dem abseits gelegenen Ort Kornau bei Oberstdorf und als Lehrer der einklassigen Schule fand er ab 1938 den geeigneten Lebensmittelpunkt und ausreichend Zeit, sich seinem intensiven literarischen Schaffen und seinen historischen Studien zu widmen. Geprägt von starker Heimatverbundenheit, Tradition und aufrichtiger Frömmigkeit entfaltete er hier seine vielseitige musische Begabung. Wie kaum ein anderer Autor im 20. Jahrhundert hat er das schwäbische Land, sein geschichtliches Erbe und seine Menschen beschrieben und dichterisch gedeutet. In der Fülle seines Werkes mit mehr als 100 gedruckten Titeln nehmen die Gedichte und Geschichten in schwäbischer Mundart breiten Raum und besonderen Rang ein. »Der Dialekt beflügelte ihn zu vielerlei heiteren, launigen und hintersinnigen Gedanken«, wie sein langjähriger Freund Erich Holzbaur es rückblickend formulierte.

Arbeitszimmer als raumprägende Inszenierung: Möbel aus dem Dichterhaus in Kornau (Schreibsekretär, Schreibtisch, Regal, Bücher, Wandbilder, Schreibutensilien, Schreibmaschine und Erinnerungsstücke an verschiedene Reisen).
Fotos: Volkskundemuseum Oberschönenfeld.

Die Ausstellung war chronologisch geordnet und in vier Sequenzen gegliedert. Jede Sequenz bestand aus einem Großfoto, mehreren kleinformatigen Fotos, einer Texttafel mit lebensgeschichtlichen Daten und Fakten und einer Vitrine mit Gebrauchsgegenständen, Dokumenten oder Büchern aus dem Nachlass. Die Kombination groß- und kleinformatiger Fotos mit Objekten des alltäglichen Lebens ergab eine abwechslungsreiche Gestaltung. Der Besucher/Betrachter wurde damit angeregt, sich nicht nur mit dem Werk, sondern auch mit der Dichterpersönlichkeit und ihrem Werdegang auseinanderzusetzen. Eine inhaltliche und gestalterische Bereicherung war eine raumprägende Inszenierung des Arbeitszimmers des Dichters mit Mobiliar (Sekretär, Schreibtisch, Bücherregal, Bücher), Scherenschnitten, Wandbildern und Schreibutensilien, bis hin zur Schreibmaschine, auf der seine Frau Magdalena die Mehrzahl seiner Manuskripte getippt hat.

Die Ausstellung vermittelte einen vielseitigen und visuell nachhaltigen Eindruck von der Lebensgeschichte A. M. Millers und seinem literarischen Schaffen bis hin zur Rezeption des Werkes in der Öffentlichkeit. Eine zentrale Rolle spielten dabei die Fotografien aus allen Lebensphasen und die Präsentation alltäglicher Gegenstände aus seinem Leben. Die Ausstellung war nicht als literarisches Museum konzipiert. Anhand der Dinge und Dokumente sollte sie die Begegnung mit einem der bedeutendsten Dichter Schwabens, der wesentliche Abschnitte der Geschichte beschrieben und erlebt hat, lebendig machen. Diese Möglichkeit bietet auch ein Besuch in seinem Wohnhaus in Kornau bei Oberstdorf, der sogenannten »Dichterei«, die der Bezirk Schwaben im Rahmen der Arthur-Maximilian-Miller-Stiftung betreut. Stube, Arbeits- und Schlafzimmer sind in unveränderter Form mit dem kompletten Inventar erhalten und von April bis Oktober, jeweils am 1. Sonntag des Monats von 14 bis 16 Uhr und nach Vereinbarung zugänglich.

Literatur, Sprache, Schule

Der Schulstreber

Auszug aus den »Wohlanständigen Reflexionen über Schulen und Lehrer, Erziehung und Unterricht« von Hyazinth Wäckerle (Augsburg 1880, S. 95ff.).

Das charakteristische Merkmal eines Strebers ist, daß er das Ziel seines Strebens nicht als Zweck, sondern als Mittel betrachtet, daß es ihm nicht sowohl um die Sache, als um seine Person zu thun ist, für welche die Sache als Piedestal des Ehrgeizes dienen soll. Bei einem Streber findet der sittliche Inhalt des Wortes: »Leben heißt Streben« nicht seine Ergänzung in dem Ausspruch des Dichters: »Es irrt der Mensch, so lang' er strebt«, sondern in der Umkehr desselben: »Es irrt der Mensch, wenn er n i c h t strebt«.

Unter den Lehrern, geneigter Leser! gibt es auch Streber, so gut wie in andern Ständen und ich könnte dir von diesem oder jenem Lehrer ganz genau nachweisen, worin sein Streberthum besteht, warum er unter diese Menschenklasse zu rechnen ist und was er bereits erreicht hat. Um aber möglichst objektiv zu verfahren, begnüge ich mich damit, nur allgemein anzudeuten, wie der »Schulstreber« zu verfahren pflegt. Der Schulstreber ist ein Muster von Korrektheit in Allem, was seinen Dienst und seine Haltung anlangt. Seine Qualifikationsbogen sind wahre Musterschemata des Wohlverhaltens und er weiß sich Verdienste bezeugen zu lassen, welche eine Vielseitigkeit seines Wissens darlegen, die durch irdische Güter gar nicht belohnt werden kann. Er hat nie Reste; auch das letzte Heft des letzten Schülers ist in musterhafter Ordnung. Seine Arbeiten zu Conferenzen etc. sind ebenso viele Legitimationskarten für die Qualifikation zur Beförderung auf eine bessere Stelle. Mit seinen Vorgesetzten steht er auf dem besten Fuße. Bei Versammlungen oder Schulsitzungen ist er zufälliger Weise immer der Ansicht des präsidirenden Inspektors. In politischen Fragen hat er prinzipaliter gar keinen Standpunkt, eventuell denjenigen seines Chefs. Im geselligen Verkehr ist er artig und zuvorkommend; er hat keine Feinde, aber auch kaum einen Freund, sondern nur Gönner. Trotz des soliden Lebens eignet er sich früh eine Denkerstirn und ein Wohlgefallen an offiziösen Redewendungen an. Kehrt er an politischen Feiertagen vom patriotischen Schoppen nach Haus, so bewegen sich seine Träume um ein verziertes Knopfloch und auf seinem Linienblatt finden sich verwischte Schriftproben der Wörter »Bezirkshauptlehrer« oder »Inspektor«. Wird er darauf aufmerksam gemacht, daß sein musterhaftes Verhalten nächstens durch eine Beförderung belohnt werden müsse, so spricht er unter Hinweis auf die idealen Güter verächtlich von Würden und Ehrenstellen, oder bedeckt seine Streberei dadurch mit einem Anstandsmäntelchen, daß er vorgibt, er beabsichtige nur seine Schwiegermutter zu erfreuen, oder er wolle dadurch den Lebensabend seiner Eltern verklären, oder er thue Alles seiner Frau und seinen Kindern zu Liebe. Daß dabei die innige Herzensfreude an dem Ärger der neidischen Collegen eine wesentliche Rolle spielt, versteht sich von selbst. Sind die Collegen aber klug, dann trösten sie sich mit dem Mißbehagen, welchem die Bevorzugten früh genug anheimfallen, wenn der Rausch der ersten Befriedigung verflogen ist.

Wer sich aufs Beobachten verlegen will, kann nach dem Angeführten den »Schulstreber« unschwer erkennen; je seltener aber diese Erscheinungen sind, d.h. je weniger getreue Pflichterfüllung nur der Ehrenstelle wegen getroffen wird, desto besser wird es um Lehrer und Schulen stehen.

Zeitschriftenschau

Ebbes und *Allmende*

Ebbes ist eine Zeitschrift für Kultur, Wirtschaft, Politik und Heimat in Schwaben. Herausgeber ist das Schwäbische Bildungszentrum Irsee. *Ebbes* gibt es seit 1979 und erscheint derzeit viermal im Jahr. Verantwortliche Redakteure sind seit 1994 Birgit Böllinger und Hanns-Rainer Strobl.

(ik) Das literarische Leben in Schwaben wird auch in der Zeitschrift *Ebbes* beleuchtet. Die Ausgabe 1/2000 bietet einen bunten Querschnitt durch Schwabens Literatur. Hier wird Nurdan Kaya vorgestellt, eine junge, hoffnungsvolle Schriftstellerin aus Augsburg mit türkischen Wurzeln. Ein Auszug aus ihrer Kurzgeschichte »Die importierte Frau« lässt erahnen, wie groß der Spagat zwischen der Heimat Türkei und Deutschland sein kann. Schon bekannter, doch in völlig anderer Hinsicht als Kaya, ist der Krimi-Autor Mike Molsner. Dieser verfasst u. a. Drehbücher für die Serie »Tatort«. Ein Portrait erschließt Werdegang und Schaffen des im Allgäu lebenden Molsner.
Daß der Austausch unter Autoren nützlich und fruchtbar für das eigene Wirken ist, erlebten schon zum zweiten Mal Schriftsteller aus ganz Deutschland beim »Irseer Pegasus«. Wolfgang Magg beschreibt seine Eindrücke beim Autorentreffen.
Eine Anekdote rundet den Querschnitt ab. Unter dem Titel »Geschichten aus Schwaben« zeigt sie, wie aufregend eine Hochzeitsreise im Jahr 1900 sein konnte. Die Fahrt zu den Passionsspielen nach Oberammergau bot Gesprächsstoff für das ganze Leben.

Die Zeitschrift *Allmende*, die seit 1981 herausgegeben wird, sieht sich als zuständig für Erkundungen und Entdeckungen des alemannischen Sprachraumes. Einbezogen werden die deutschsprachige Schweiz, Vorarlberg, Liechtenstein, Elsass und Baden-Württemberg. Das bayerische Schwaben wird in der Regel nicht berücksichtigt. *Allmende* erscheint halbjährlich als Doppelnummer.

Allmende enthält nicht nur Prosa, Lyrik und Essays über Literatur, auch Ausflüge in die Geschichte wurden schon unternommen. Beispielsweise trägt die Ausgabe 56/57 den Titel »1848/1849 – Wege zur Revolution«. Die letzte Ausgabe des Jahres 1999 erschien unter dem Titel »Text-Fährten« und bietet neue Texte von Autoren wie beispielsweise Hans Hoischen. Daneben werden Preisträger vorgestellt: Arnold Stadler erhielt den Alemannischen Literaturpreis 1999 und Evelin Hasler den Justinus-Kerner-Preis der Stadt Weinsberg. Abgerundet werden die Hefte jeweils durch Nachrichten aus der Literaturszene. Die erste Doppelnummer 2000 erscheint dieser Tage, die zweite im Dezember.

Veranstaltungen in der Universität

Große Werke der Literatur

(ik) »Große Werke der Literatur« ist der Titel einer Ringvorlesung, die seit dem Jahr 1988/89 in jedem zweiten Studienjahr stattfindet. Vorgestellt werden »klassische« und interessante, weniger bekannte Werke. Ziel ist es nicht nur, die Werke wissenschaftlich fundiert vorzustellen, sondern die Zuhörer neugierig auf das Lesen zu machen. Beteiligt sind Literaturwissenschaftler, Linguisten, Historiker, Politikwissenschaftler, Theologen, Soziologen, Psychologen, Philosophen und Juristen. Bisher gab es sechs Zyklen von Vorträgen, die allen Interessierten offen stehen. Aufgrund des großen Interesses an der Veranstaltung werden sie von Prof. Hans Vilmar Geppert jeweils in einem Band gesammelt und herausgegeben. Die nächste Ringvorlesung wird im Studienjahr 2000/2001 stattfinden.

Terminübersicht

Alle Vorträge finden mittwochs um 18 Uhr c.t. im Hans-Holbein-Saal (HS II), Universitätsstraße 10 in der Universität Augsburg statt.

- 25. Oktober 2000:
  Theokrits »Eidyllien« – Priv. Doz. Dr. Peter Roth
- 08. November 2000:
  Justus Lipsius »De Constantia / Von der Beständigkeit« – Prof. Dr. Theo Stammen
- 29. November 2000:
  Voltaire »Candide ou l'optimisme / Candide oder der Optimismus« – Priv. Doz. Dr. Till Kuhnle
- 13. Dezember 2000:
  Heinrich Heine »Reisebilder« – Priv. Doz. Dr. Jürgen Eder
- 17. Januar 2001:
  Christian Morgenstern »Die Galgenlieder« – Prof. Dr. Kaspar Spinner
- 31. Januar 2001:

Homer »Odyssee« und James Joyce »Ulysses« – Prof. Dr. Marion Lausberg und Prof. Dr. Hans Vilmar Geppert
- 9. Mai 2001:
  Das »Hildebrandslied« – Prof. Dr. Johannes Janota
- 16. Mai 2001:
  Martin Heidegger »Sein und Zeit« – Prof. Dr. Severin Müller
- 30. Mai 2001:
  Thomas Mann »Lotte in Weimar« – Prof. Dr. Helmut Koopmann
- 20. Juni 2001:
  Theodor W. Adorno »Minima Moralia« – Prof. Dr. Hans Peter Balmer
- 27. Juni 2001:
  Ich im Irrealis. Max Frisch »Mein Name sei Gantenbein« – Priv. Doz. Dr. Ursula Regener
- 11. Juli 2001:
  Carlos Fuentes »Terra Nostra« – Prof. Dr. Thomas Scheerer
- 25. Juli 2001:
  Toni Morrison »Beloved / Menschenkind« – Prof. Dr. Hubert Zapf

Literarische Zirkel in der Region

Die Gruppe »Zeitriss«

(md) Es ist geplant, im Schwabenspiegel regelmäßig eine Gruppe, Persönlichkeit oder Institution vorzustellen, die am literarischen Leben mitwirkt. Insbesondere sollen Autorengruppen, aber auch Zeitschriften, Leseforen und Initiativen präsentiert werden, ebenso wie Verlage, die sich für Gedichte, Prosa oder Stücke engagieren. Überdies soll es auch um das Spiel freier Gruppen, Puppenspiel oder Schultheater gehen.

Entgegen allen kulturpessimistischen Unkenrufen gehen zahlreiche Initiativen zu literarischer Aktivität auf private kulturelle Zirkel, einzelne Literaturliebhaber, kleine Förderinitiativen und dergleichen zurück. Sie bilden – teils weit fernab vom Trubel des »großen« literarischen Lebens – ein wirklich »fruchtbares Umfeld« für die diesbezügliche »Lebendigkeit« unserer Region und für literarische Produktionen verschiedenster Art.

Aus vielen Gründen scheint die Gruppe »Zeitriss« ein besonders vielversprechender Einstieg in dieses Themenfeld zu sein. Ihr Bekanntheitsgrad, die Vielfalt ihrer Aktivitäten, die Kontinuität ihrer Arbeit in den letzten 10 Jahren und vor allem die vielen Berührungspunkte mit anderen Gruppen bieten sich in besonderem Maße an, wenn es darum geht, dem gegenwärtigen literarischen Leben in Augsburg und Schwaben auf die Spur zu kommen.

Die Gruppe »Zeitriss« ist in der Öffentlichkeit vor allem durch ihre dreimal im Jahr erscheinenden Hefte bekannt geworden. Dieser Literaturzeitschrift dient denn auch der größte Teil der gemeinsamen Arbeit. »Zeitriss« erscheint regelmäßig seit November 1991 und wird über Abonnements, den Verkauf in Buchhandlungen und Kiosken, vor allem aber bei den jeweiligen Präsentationsfeiern der neuen Ausgaben verkauft. Daneben sind es vor allem Lesungen, die der Gruppe ein Podium verschaffen, und die oft durch Musikdarbietungen, Spielelemente und Verfremdungseffekte erweitert werden. Einige dieser »Events«

werden auch auf Tonband dokumentiert und als Kassetten verkauft.

»Zeitriss« ist vor allem in der jugendlichen, tendenziell alternativen Szene beheimatet. Dies sei keine bewusste Abgrenzung, sagt Horst Thieme, langjähriges Mitglied der Gruppe. Er spricht vom ursprünglichen Anspruch, »offen« zu sein, dies sei aber gewissen Abnutzungserscheinungen ausgesetzt. Immerhin bemühe man sich. Insbesondere die Zusammenarbeit mit Musikern und Künstlern verschiedenster Sparten sei der Versuch, einer Verengung der Perspektive entgegenzuwirken. Allerdings steht für die Mitglieder von »Zeitriss« diese Offenheit unter bestimmten Bedingungen: Thieme legt großen Wert darauf, auch weiterhin eine Zeitschrift zu machen, die nicht im üblichen Sinne »etabliert« ist. Mit der »Subkultur« völlig identifiziert zu werden, findet er dabei aber an sich uninteressant. Der Vorteil sei vielmehr, dass eine Publikation wie der »Zeitriss« dem Publikum keine durch einen großen Namen verbürgte »Qualitätsgarantie« gebe, die das Gedruckte unterschwellig und einschüchternd als »hohe Literatur« vorbestimme. Der »Wert« des Gedruckten sei so eine noch festzustellende Größe, etwas was das Publikum selbst beurteilen muss – gegebenenfalls auch mit Protest oder Widerspruch.

Zur Zeit bilden vier Mitglieder den aktiven Kern der Gruppe: Gerald Fiebig, Uta Fuchs-Prestele, Jürgen Jäcklin und Horst Thieme. Sie sehen den »Zeitriss« nicht nur als Forum für andere Autoren, sondern steuern auch regelmäßig eigene Beiträge bei. Die Redaktion trifft sich seit 1991 fast regelmäßig einmal pro Woche zu einer mehrstündigen Redaktionssitzung. Die zahlreichen Zusendungen, die dabei gesichtet und besprochen werden – wöchentlich die von zehn bis fünfzig Autoren – kommen aus dem gesamten deutschsprachigen Raum und gelegentlich auch darüber hinaus. Oft wird dabei die Begrenzung auf max. 10 Gedichte oder 10 Seiten Prosa nicht eingehalten, und so nimmt es nicht wunder, dass sich die Arbeit beträchtlich aufstaut. Bis zu einem Jahr sei man laut Thieme schon im Rückstand gewesen – aber es soll ja auch nichts liegen bleiben.

Wenn man diese Arbeit über einen längeren Zeitraum betrachte, ergebe sich, so Thieme, oft das Bild einer thematischen »Fieberkurve«. Es sei erstaunlich, wie sehr die Zusendungen einer bestimmten Zeit inhaltlich miteinander korrespondierten. Daneben gebe es natürlich auch eine Art Interessenskurve seitens der Redaktion, fügt er hinzu, dennoch sei es aber unverkennbar, dass sich Ereignisse wie etwa der Bosnienkrieg in ganz deutlichen Schwerpunkten in der literarischen Arbeit eines bestimmten Zeitabschnitts niederschlügen.

Die Gruppe kommt ohne Chefredakteur aus. Dies hat zur Folge, dass sich diese vier recht eigenwilligen Köpfe darüber verständigen müssen, was in ein Heft aufgenommen wird und was nicht. Auf der anderen Seite handelt es sich um ein sehr gut eingespieltes Team, so dass man dem »Zeitriss« eine charakteristische Grundlinie anmerkt. Auch dies sei das Ergebnis einer langen Entwicklung, sagt Thieme. Es habe sich ergeben, dass das Hauptinteresse der Redaktionsmitglieder auf den Themenbereichen »Der Mensch in der Moderne« oder »Der Mensch in der Großstadt« liege. Dass es bei der Auswahl der Texte dennoch teilweise zu äußerst emotionalen Auseinandersetzungen komme, die sich der Außenstehende lieber gar nicht vorstellen solle, wird vor allem durch das Zusammengehörigkeitsgefühl kompensiert und durch die praktische Effizienz des Teams.

Der Gründung im Jahre 1991 ging eine Phase der Orientierung voraus, in der sich eine größere Gruppe von Jugendlichen zwischen 16 und 20 Jahren mit zum Teil sehr divergierenden Zielen mit dem Gedanken trug, eine Literaturzeitschrift zu machen. Die Interessen reichten dabei von eher journalistischen Ansätzen über die Idee einer rein belletristischen Veröffentlichung bis hin zu Aktionskunst. Recht früh zeichnete sich dann ab, dass nur gewisse Teile jener lockeren Assoziation zu jeweils gemeinsamen Projekten bereit waren. Projekte, die in dieser Phase entstanden oder auch schon vorher existiert hatten, sind beispielsweise Bernhard Küblers Arbeit an etwas hermetischen Science Fiction-Zeitschriften oder das Kunst- und Literaturmagazin »arc d'art«. Etwa 10 Leute fanden sich dann zur Gruppe »Zeitriss« zusammen.

Die Aktivitäten begannen dann vor allem mit Lesungen im »Jugendhaus Univiertel«, wo Sozialpädagoge Jürgen Jäcklin, gleichzeitig Gründungsmitglied von »Zeitriss«, die Wechselwirkung von Literaturarbeit und Jugendarbeit produktiv zu nutzen verstand. Er konnte den Autoren eine Bühne bieten, diese wiederum füllten ihm das Haus mit Veranstaltungen. Das Verhältnis von »Zeitriss« und Stadtjugendring, Träger des Jugendhauses, hat sich mittlerweile aber abgekühlt. Es zeigte sich, dass die Freiheit zu künstlerischer Provokation – von der Gruppe zunehmend eingefordert – und die enge Bindung an eine städtische Einrichtung sich auf Dauer nicht vertrugen. Gleichwohl muss erwähnt werden, dass der Stadtjugendring hier entscheidende Hebammendienste geleistet hat, nicht zuletzt durch finanzielle Unterstützung.

Große Bedeutung für die Arbeit von »Zeitriss« haben die vielen Kontakte im In- und Ausland. Sie bedeuten, dass die Redaktion aus einem großen Fundus an Beiträgen schöpfen kann, wenn sie ein Heft zusammenstellt, ebenso aber, dass »Zeitriss« inzwischen überregional wahrgenommen wird. Der Grundstock hierzu wurde bereits 1991 gelegt, als Martin A. Droschke zum Treffen junger Autoren nach Berlin reiste, und – wenn man so will – mit vielen neuen Bekannten zurückkehrte.

In der Folgezeit kamen die Mitglieder von »Zeitriss« mit vielen weiteren Initiativen und Gruppen in Kontakt, von denen einige aus unserer Region exemplarisch erwähnt werden sollen: Dazu gehören zum Beispiel die von Martin Langanke und Oliver Tekolf herausgegebene Literaturzeitschrift »stückwerk / werkstück«, das schon erwähnte Magazin »arc d'art«, ebenso die Künstlergruppe »argus« und der Berufsverband bildender Künstler, sowie die Bands »Deep«, »Just B.« oder »DJ Fibrile«. Unter der Mitwirkung von ehemaligen oder auch noch engagierten Mitgliedern von »Zeitriss« wurde ebenfalls eine ganze Reihe von neuen Projekten gegründet, so zum Beispiel die von Martin A. Droschke und Martin Langanke herausgegebene

Zeitschrift »Lautschrift«, die – jetzt nicht mehr existierenden – Gruppen »Widerwort« , wo Uta Fuchs-Prestele Gründungsmitglied und Gerald Fiebig später mit von der Partie war, sowie »Los Hermanos Morales«, mitgegründet von Gerald Fiebig. Weiterhin sei erwähnt die von Caroline Rusch und Claudius Wiedemann ins Leben gerufene Zeitschrift »styx 96« und Jürgen Jäcklins Mitwirkung bei »Jesus Jackson und ›die grenzlandreiter‹«. Auch der poetry slam »Lauschangriff« ist zu erwähnen, den Horst Thieme organisiert und der dadurch aufgewertet wird, dass er in das offizielle Programm des Augsburger Theaterfestivals LA PIAZZA aufgenommen wurde.

Auch heute findet ein Großteil der Aktionen von Mitgliedern der Gruppe in Augsburg und Umgebung statt. Nach der Anfangszeit in dem »Jugendhaus Univiertel« hat sie sich an einer Vielzahl von anderen Orten präsentiert, unter anderem im Jugendcafé »Inca«, in der »Kresslesmühle«, der »Pelé Sportbar«, im »Pavian«, im »Grauen Adler«, »Striese«, »Blauen Salon« und im Zeughaus, aber auch in der Stadtbücherei, der »Spielküche«, auf der Augsburger Frühjahrsausstellung und durch Vermittlung der »Buchecke Diedorf« im dortigen Gasthaus »Zum Adler«. Dazu kommen Veranstaltungen wie eine literarische Kneipen- bzw. Biergartentour, sowie eine Lesung mit Führung im Rahmen der Architekturtage. So viel Präsenz und Aktivität hat »Zeitriss« zu einer der bekanntesten literarischen Gruppen in der Region werden lassen. Die Aufmerksamkeit, die die Gruppe auf sich ziehen kann, ist oft das Ergebnis des provokativen Auftretens, was hin und wieder auch offene Ablehnung zur Folge hatte. Aber nicht nur Kritik hat es gegeben. Im Jahre 1995 wurde den Mitgliedern der Kunstpreis der Stadt Augsburg verliehen. Sie gelten also inzwischen auch anerkanntermaßen als einer der Aktivposten im literarischen Leben der Stadt.

Die Gruppe »Zeitriss« ist an Kontakten mit Autoren oder Illustratoren interessiert: Zeitriss, Postfach 10 26 07, 86016 Augsburg, www.zeitriss.de

Mundart

Schwäbisch (I)

(hw) Schon seit über 100 Jahren arbeitet die Sprachwissenschaft daran, Dialekte exakt zu erfassen und zu erforschen. Im alemannischen Südwesten des deutschen Sprachgebietes ist sie damit besonders weit gekommen. Das große Vorbild war der *SDS*: Rudolf Hotzenköcherle ist der Herausgeber des berühmten Werkes *Sprachatlas der deutschen Schweiz*. Ab Band V wurde dieser Atlas dann von Robert Schläpfer, Rudolf Trüb und Paul Zinsli fortgeführt (Bern 1962 ff). Daneben gibt es den guten *SSA* – den von Hugo Steeger, Eugen Gabriel und Volker Schupp herausgegebenen »Südwestdeutschen Sprachatlas«, der seit 1989 in Marburg veröffentlicht wird. Und für den alemannischen Teil des westlichen Österreich haben wir den *VALTS*. Das ist der »Vorarlberger Sprachatlas« von Eugen Gabriel und Mitarbeitern, der auch Dialekte des Fürstentums Liechtenstein einschließt und einzelne Orte in Westtirol und im Allgäu mit behandelt. Dieser Atlas erscheint seit 1985 in Bregenz.

Wie weit reicht überhaupt das Alemannische? Was ist Alemannisch? Darüber herrschen z.T. sehr unklare Vorstellungen. »Das große Wörterbuch der deutschen Sprache in 8 Bänden«, das der Dudenverlag herausgegeben hat, weiß nur ungefähr, dass der *Alemanne* »Angehöriger eines germanischen Volksstammes« und *alemannisch* die »alemannische Mundart« ist. Schlägt man dann in dem meistbenutzten »Lexikon der Sprachwissenschaft« von Hadumod Bussmann (Stuttgart 1983) nach, so findet man nicht einmal das Stichwort *alemannisch*. Also muss man sich an die Regionalforscher wenden und hier die Dialektologie zu Rate ziehen. Sie sagt uns, dass die alemannischen Dialekte ihre größte Verbreitung im Land Baden-Württemberg haben, darüber hinaus aber nicht nur in Westösterreich und in der Schweiz vorkommen (wie oben angedeutet), sondern auch im östlichen Frankreich (Elsass). Und zu den alemannischen Dialekten gehört natürlich – was in diesem Zusammenhang besonders interessiert

– der westliche Teil des Freistaats Bayern. Für diesen Bereich, den Bezirk »Schwaben«, ist die Universität Augsburg zuständig. Das »Schwäbische« unserer Region wird hier schon seit 20 Jahren erforscht; zuerst mit Unterstützung der Universität selbst und des Bezirks (Initiative von Dr. Simnacher), dann aber auch über eine Förderung der »Deutschen Forschungsgemeinschaft«. Die Feldforschung und die Auswertung der Belege leitete hier von Anfang an Herr Prof. Dr. Werner König, der die Dialektologie vor allem in Freiburg beim »Südwestdeutschen Sprachatlas« gelernt hat und für unser Untersuchungsgebiet ein eigenes Fragebuch und moderne Auswertungsmethoden entwickelt hat. Die ersten Arbeiten erwiesen sich als so fundiert, dass sich dann der Freistaat Bayern entschloss, einen gesamtbayerischen Sprachatlas ins Leben zu rufen, für den die Augsburger Untersuchungen als Vorbild genannt wurden. An ihm arbeiten besonders die Universitäten Bayreuth, Passau, Erlangen und Würzburg. Erschienen sind aber bisher nur Bände aus Augsburg. Seit dem Band von Christine Feik (1996) ist es jedes Jahr mindestens ein neuer großer Band gewesen, der im Carl Winter Verlag, Heidelberg, herausgekommen ist.

Dieser große Sprachatlas heißt *SBS*: Werner König/Hans Wellmann (Herausgeber), Sprachatlas von Bayerisch-Schwaben. Heidelberg 1996 ff. (= Bayerischer Sprachatlas, Hg. v. Robert Hinderling, Werner König, Ludwig M. Eichinger, Hans-Werner Eroms, Horst Haider Munske, Norbert Richard Wolf. Regionalteil I).

Inzwischen sind folgende Bände erschienen:
Band I: Werner König, Einführung. 1997.
Band II: Christine Feik, Wortgeographie I. Der menschliche Körper, körperliche und seelische Äußerungen, die menschliche Gemeinschaft, Kleidung. 1996.
Band III: Manfred Renn, Wortgeographie I. Quantitäten ehemaliger Kurzvokale. 1997.
Band IV: Heike Heidenreich, Lautgeographie II. Qualität der mittelhochdeutschen Kurzvokale. 1999.

Band V: Susanne Kuffer, Lautgeographie III. Qualität und Quantität der mittelhochdeutschen Langvokale und Diphthonge. 1998.
Band VI: Edith Funk, Formengeographie I. Verbum. 1998.

Sechs weitere Bände sind in Vorbereitung. Darüber wird in den nächsten Bänden des »Schwabenspiegels« berichtet. Worum soll es in ihnen gehen? Um die Lautgeographie der Konsonanten (Band VII), um die Formengeographie der Nomina (Band IX) und vor allen Dingen um die vielen interessanten Fälle der Wortgeographie. Sie betreffen das Bauernhaus, das Wohnen und Leben auf dem Lande, die Einrichtung der Häuser und die Wirtschaft, die Bezeichnung von Tieren, Pflanzen, Obst und Gemüse und das Wetter (Band VIII). Dann geht es auch um den Bereich der Hausarbeit, die Ernährung, das Kochen und Backen, um die Arbeit im Haus und auf dem Felde, um das Kinderspiel, um die Zeiteinteilung und Grußformeln (Band X), um die Tierhaltung (Kühe, Schweine, Ziegen, Schafe, Pferde, Geflügel und Bienen) und Milchverarbeitung (Band XI) und um den Ackerbau und die Nutzung der Wiesen (Band XII).

Was in diesen Bänden auf den Leser wartet, soll hier nur an einem Beispiel erläutert werden. Es betrifft eine Frage, die man besonders oft hört: Welche Wörter können nun als typisch schwäbisch gelten? Zu den Leitwörtern, an denen man den Schwaben erkennt, gehört der *Lumpe(n)*. Das bestätigen die Fragen, die in allen Bereichen des Bezirks und in den angrenzenden Grenzbereichen an über 200 ausgewählte Gewährspersonen gestellt wurden. Dabei hat sich herausgestellt, dass im gesamten Bezirk das Wort *Lumpe* allein herrscht oder zumindest dominiert, in allen möglichen Aussprachevarianten. Einzelne Sprecher in alpennahen Orten haben auf die Frage, wie man das Spültuch bezeichne, auch die Antwort *Fetzen* gegeben. Aber sonst ist das Wort doch für Tirol und angrenzende Gebiete charakteristisch. Ähnlich steht es um den *Hader/ Huder*, den man östlich des Lechs im bairischen Dialekt kennt. Und die Bezeichnung *Tuch* findet sich nur vereinzelt in Verbindungen wie *Spül-*

tuch, die aus der Gemeinsprache in den Dialektgebrauch übernommen worden sind.

Kurz zusammengefasst: Der *Lumpe(n)* ist also ein solches »Losungswort« (»Schibboleth«), an dem sich Sprecher als Schwaben erkennen (wenn sie im Dialekt oder auch in der Umgangssprache sprechen).

Presseschau

zur Gründung der Forschungsstelle für Schwäbische Literatur, d.i. das »Archiv für Literatur aus Schwaben« (ALS):

Heimstatt für die schwäbische Literatur: Bezirk finanziert an der Universität eine Forschungsstelle für Schriftsteller aus der Region

(loi). Die schwäbische Literatur bekommt eine Pflegstätte. Dank der Förderung des Bezirks wird an der Universität Augsburg eine einschlägige Forschungsstelle eingerichtet. Ihre Arbeit sollte nicht nur das Erbe regionaler Literaten der Vergangenheit bewahren, »sondern auch Anreiz geben, dass sich junge literarische Talente präsentieren«, wünschte Bezirkstagspräsident Georg Simnacher gestern bei der Vertragsunterzeichnung.

Ab Januar 2000 stellt der Bezirk für zunächst fünf Jahre monatlich 2000 Mark zur Verfügung, aus denen Betriebs-, Personal- und Sachkosten der Forschungsstelle bestritten werden, die in der Alten Universität an der Eichleitnerstraße drei Räume belegt. Ihre erste Aufgabe wird es sein, den Nachlass von Arthur Maximilian Miller wissenschaftlich zu erschließen. Sieben Jahre lag das Material in 44 Kisten unbeachtet im Keller der Staats- und Stadtbibliothek. Als der Sprachwissenschaftler Prof. Hans Wellmann den Nachlass des Mundartdichters durchsah, stellte sich heraus, dass er die wohl vollständigsten Tagebuchaufzeichnungen des Jahrhunderts erhält und eine Vielzahl interessanter Briefe.

Fundgrube Arthur M. Miller

Von seinem 20. Lebensjahr an hat Miller (1901–1992) alles, was er erlebt, gedacht und geschrieben hat, vollständig dokumentiert. »Dieser Nachlass erlaubt es, das Projekt Lebensgeschichtsforschung zu begründen, mit dem sich jetzt ein Mitarbeiter beschäftigt«, sagte Wellmann. Auch zur stilistischen Analyse seiner Werke lade der Nachlass ein, denn er erlaube es, die Entstehung von Werken durch alle Stadien zu verfolgen. Wellmann hob ferner die Vielfalt in Millers Schaffen hervor, darunter vernachlässigte Genres wie das Schattenspiel, das Feature oder das Fastnachtspiel. Eine Studentin untersuche Briefe, in denen sich zahlreiche Dialektautoren mit den sprachlichen Möglichkeiten und Grenzen des Mundartmärchens auseinandersetzen.

Der Bezirkstag, so führte Simnacher aus, habe sich natürlich gefragt, ob er eine solche Forschungsstelle bewilligen solle in einer Zeit, wo Vieles wegen der Überbeanspruchung des Sozialhaushalts zurückgestellt werden muss. »Wir sahen die Pflege der schwäbischen Literatur als einen wichtigen Auftrag an, zumal die musikalische und architektonische Kulturarbeit derzeit überwiegt.« Simnacher gab sich überzeugt, »dass aus dem bayerischen Schwaben in diesem Jahrhundert so viele Literaten gekommen sind, dass es sich lohnt, das Wesen schwäbischer Literatur zu erforschen, auch wenn der Zeitgeist von ihr gerade nichts wissen will«.

Beide Initiatoren, Simnacher wie Wellmann, möchten die Forschungsstelle auch als Podium zeitgenössischer Autoren sehen. Es werde ein Jahrbuch schwäbischer Literatur erscheinen, das wissenschaftliche wie literarische Arbeiten umfasst. Auch an Lesungen und Ausstellungen ist mittelfristig gedacht.

Augsburger Allgemeine, 20. 11. 1999

Sinnsprüche, Aphorismen, Geflügelte Worte

Pensées

Walter Fick

Je dümmer, desto klüger fühlt man sich.

Es ist die Liebe, in der Gott in sich zurückkehrt. In ihr allein wurde er uns sichtbar.

Was nicht bewegbar ist, soll man nicht zu bewegen versuchen.

Liebe und Intellekt, das ist das eigentlich Menschliche.

Der Mensch ist keine notwendige Folge der Evolution.

Wirklich tiefe Gefühle sind nach außen verhalten. Offen zur Schau getragene Gefühle sind unecht.

Wenn der Mensch von der Erde verschwunden ist, kann die Natur wieder aufatmen.

Wer eine Brücke abbricht, kann nicht mehr darüber gehen.

Liebe und Abschied: das ist die Problematik des sich individuell entwickelnden Bewußtseins.

Religion ist das Wissen um die Einheit des Alls.

Wahrspruchworte

Arthur M. Miller

Gefährlich wird dir die Gefahr
Die Wahrspruchworte bleiben wahr.

Das Öl macht glänzend dein Gesicht.
Der Lügner nicht die Wahrheit spricht.

Die Blitze zucken grell und scharf.
Das Kind der Mutterbrust bedarf.

Nicht löscht das Bier den heißen Durst.
Doch manchmal geht es um die Wurst.

Es bellt des Nachts der wache Hund.
Auch ist das Rauchen nicht gesund.

Am Morgen strahlt das Morgenrot.
Streich zuviel Butter nicht aufs Brot!

Der Heuschreck sitzt im grünen Gras.
Besuche machen selten Spaß.

Hast du nicht Tochter oder Sohn,
so spare für die Inflation.

Die Liebe ist ein holdes Band,
und doch passiert so allerhand.

Geh stets den Dingen auf den Grund!
Wer nichts hat, ist ein armer Hund.

Literarische Rätsel (I)

Liebe zu wem?

> Von der Schauspielerin Z. hieß es, sie habe sich aus unglücklicher Liebe umgebracht. Herr Keuner sagte: »Sie hat sich aus Liebe zu sich selbst umgebracht. Den X. kann sie jedenfalls nicht geliebt haben. Sonst hätte sie ihm das kaum angetan. Liebe ist der Wunsch, etwas zu geben, nicht zu erhalten. Liebe ist die Kunst, etwas zu produzieren mit den Fähigkeiten des andern. Dazu braucht man von den andern Achtung und Zuneigung. Das kann man sich immer verschaffen. Der übermäßige Wunsch, geliebt zu werden, hat wenig mit echter Liebe zu tun. Selbstliebe hat immer etwas Selbstmörderisches.«

Sie kennen den Verfasser dieser »Geschichte«. In seinem Dialekt klingt der Name »Keuner« wie das Pronomen »keiner«. Seinen Erzählstil erkennt man oft an der kunstvollen Art, in der er kurze, lapidare Sätze – durch ihre parallele Anordnung (Parallelismus) und durch Gegenüberstellung (Antithese) verbindet. Charakteristisch ist auch die »Ausklammerung« einer Substantivgruppe (wie hier: mit den Fähigkeiten des andern). Wer ist es?

Wer schrieb diesen Roman?

Es gibt berühmte Beispiele dafür, dass der erste Roman eines Autors schließlich auch sein bester bleibt. Das kann man zum Beispiel über Günter Grass' »Blechtrommel« lesen, aber auch über »Die Buddenbrooks« von Thomas Mann. Woran liegt das dann? An den Kritikern, ihren Erwartungen und »Vorschußlorbeeren«? Oder daran, dass der Autor hier sein Lebensthema gefunden und im ersten Entwurf so unmittelbar und »echt« gestaltet hat wie später nie mehr?
Auch der folgende Roman gehört zu den großen Erstlingen. Er spielt in einer Stadt am Bodensee und beginnt so:

In einem überfüllten Aufzug schauen alle Leute aneinander vorbei. Auch Hans Beumann spürte sofort, daß man fremden Menschen nicht ins Gesicht starren kann, wenn man ihnen so dicht gegenübersteht. Er bemerkte, daß jedes Augenpaar sich eine Stelle gesucht hatte, auf der es verweilen konnte: auf der Zahl, die angibt, wieviel Personen der Aufzug tragen kann; auf einem Satz der Betriebsordnung; auf dem Stück Hals, das einem so dicht vor Augen steht, daß man das Geflecht aus Falten und Poren noch nach Stunden aus dem Gedächtnis nachzeichnen könnte; auf einem Haaransatz mit etwas Kragen daran; oder auf einem Ohr, in dessen unregelmäßigen rosaroten Serpentinen man allmählich der kleinen dunklen Öffnung zutreibt, um darin den Rest der Fahrt zu verbringen. Beumann dachte an die Fische in den Hotelaquarien, deren reglose Augen gegen die Scheiben stehen oder auf der Flosse eines Schicksalsgefährten, der sich offensichtlich nie wieder bewegen wird.

Wer mag diesen Roman über Liebe und Ehe(n) geschrieben haben?

Regionalforschung
Das Projekt »Erlebte Literatur«: »Oral History« der Wirkung von Literatur

(hw) Diese Forschungsrichtung hat zwei Quellen. Ursprünglich hat sie ein Journalist erfunden: Allen Nevins in Amerika. Er wollte so neue Quellen für die neueste Geschichte erschließen, insbesondere durch Interviews mit Prominenten, die Interessantes über ihre politischen, gesellschaftlichen und wirtschaftlichen Erfahrungen berichten konnten. Diese Art der »mündlichen Geschichtsüberlieferung« wurde dann durch Erhebungen zur Alltagsgeschichte der unteren Schichten ergänzt. Zuerst waren es ehemalige Sklaven, dann Arbeiter und später Befragte aus allen Bereichen des Bürgertums. »Oral History ist die Produktion und Bearbeitung mündlicher Quellen« (H.W. Heitzer). Sie wird auch in der Volkskunde und Ethnologie angewandt. Diese Art der retrospektiven Befragung von älteren und jüngeren Menschen wird nun auf literarische Erlebnisse von Zeitzeugen aus der Region Schwaben übertragen. Sie sollen auf ihre Literaturerfahrungen in der Schule befragt werden, und auch auf außerschulische Wirkungen der Literatur, die zum Beispiel über Lesungen in Buchhandlungen, Aufführungen im Theater, Aktionen literarischer Gruppen (vgl. den Beitrag zur Gruppe »Zeitriss«), Vorträge in der Universität usw. erfolgt sind. Das Thema interessiert auch Forschungsrichtungen wie »die Didaktik der Literatur«, und die »Rezeptionsforschung«. Zur »erlebten Literatur« können dann Fragen wie die folgenden hinführen: Was ist Ihr Lieblingsgedicht? Wie ist es dazu geworden? Gibt es eine Romanfigur, mit der sie sich identifizieren können? Worauf führen sie dieses Ausstrahlung zurück? Haben Sie einmal bei einer Theateraufführung mitgespielt? Welche Mundartdichter kennen Sie? Gibt es eine Erzählung, von der Sie annehmen, dass sie einen Einfluss auf Sie in ihrem Leben ausgeübt hat? Können Sie sich daran erinnern, dass Ihre Eltern über Szenen oder Figuren aus dem einen oder anderen Roman erzählt oder diskutiert haben?

Das Abonnement und die
»Literarische Gesellschaft von Schwaben«

Wer Interesse an der Förderung des literarischen Lebens im Bezirk Schwaben hat, ist herzlich zur Mitarbeit eingeladen. Durch die beiliegende Postkarte können Sie den *Schwabenspiegel* ab der nächsten Ausgabe (Mai 2001) abonnieren. Zusätzlich erhalten Sie ein Beiheft, das ebenfalls einmal jährlich erscheinen wird und ein ausgewähltes Thema behandelt. Dieses wird im Jahr 2001 dem »Schwäbischen Autor Arthur M. Miller« gewidmet sein, dessen 100. Geburtstag ansteht.

Der Preis für das Abonnement beträgt DM 25 pro Jahr. Eine Kündigung kann jährlich bis zum 31. März auf schriftlichem Weg erfolgen.

Die Vorbereitungen zur Gründung einer »Literarischen Gesellschaft von Schwaben« haben bereits begonnen. Weitere Informationen erhalten Sie, wenn Sie Ihr Interesse auf der beiliegenden Postkarte bekunden.

Wettbewerb

Schüler schreiben Geschichten

(hw) Der diesjährige literarische Wettbewerb will junge Leute dazu ermutigen, selbst eine Geschichte zu schreiben und einzusenden. Es sollte sich möglichst um einen satirischen oder humoristischen Text handeln. Die besten Arbeiten werden prämiert (1. Preis: DM 700, 2. Preis: DM 300, 3. Preis: DM 150, 4.–10. Preis: Bücher) und im nächsten Heft des »Schwabenspiegels« veröffentlicht, soweit es ihr Umfang zulässt. Die Teilnehmer sollten nicht älter als 20 Jahre sein und noch zur Schule gehen.

Einsendungen bitte mit Angabe der Adresse, ggf. der Schule und des Geburtsdatums bis spätestens 31. Januar 2001 an das »Archiv für Literatur aus Schwaben«, Stichwort: »Literaturwettbewerb«, Eichleitnerstr. 30, 86159 Augsburg.

A propos ...

Kann das Aufsatz-Schreiben im Schulunterricht eine Vorbereitung auf das literarische Schreiben sein? Der traditionelle Schulaufsatz folgt doch meistens festen Schemata, etwa dem der Sachbeschreibung, der Schilderung, Betrachtung oder Erörterung. Das war schon zu Zeiten von *Kurt Tucholsky* so, wie eine Glosse von ihm zeigt. Sie beginnt mit den Worten:

> Ein Mitarbeiter dieser Blätter hatte einst einen sonderbaren Traum. Er träumte, dass er sein Abitur noch einmal machen müsste, und das Thema zum deutschen Aufsatz lautete: »Goethe als solcher«.

Die Schularbeit – ein verdrängtes Trauma aus der Schulzeit, das hier durch das Motiv des Traums aktiviert wird? Kurt Tucholsky macht sich über diese althergebrachte Form des Schreibens lustig. Mit Angst und Erwartung haben tatsächlich Generationen von Schülern dem Thema entgegengesehen, über das sie den deutschen Aufsatz schreiben sollten. Mit dem Zusatz »als sol-

cher« parodiert Tucholsky den Typ des »weitgefassten Themas mit gedanklichem Tiefgang«.
Auch über dessen Gegenstück, das »Spezielle Thema«, haben die Schriftsteller gern gespottet. Keiner hat es schärfer karikiert als *Heinrich Mann*. In seinem berühmten Lehrerroman lässt »Professor Unrat« die Schüler über Schillers »Jungfrau von Orleans« schreiben. Sie bekommen das Thema: »Das dritte Gebet des Dauphins«. Damit wollte Professor Unrat die Klasse, die ihm verhasst war, hereinlegen: »Dieses Aufsatzthema hatte noch keiner gefunden.« Indes, auch darüber müsste, so überlegt der Primus der Klasse gleich, doch auch »irgendetwas zu sagen sein«. »Über Gegenstände, von deren Vorhandensein man nichts weniger als überzeugt war, eine gewisse Anzahl von Seiten mit Phrasen zu bedecken, dazu war man durch den deutschen Aufsatz seit Jahren erzogen. Das Thema ging einen nichts an; aber man schrieb.«
Auch das Thema, »das jeden angeht« und Schüler zur persönlichen Stellungnahme erziehen soll, wird in der Literatur karikiert. Ins Groteske gesteigert begegnet es uns in Tucholskys Satire auf den beliebten Typ des »aktualisierten« Literaturaufsatzes: »Hitler und Goethe. Ein Schulaufsatz«. Er spielt auf den Typ des beliebten Vergleichsthemas und die Aktualisierungsschablone »X und wir heute« an. Tucholsky parodiert die beliebte Form der »Erörterung«. Diese Parodie arbeitet mit dem Kontrast zwischen dem »motivierenden« Inhalt und einem ganz formalen, inhaltsleeren Aufbauschema. Mit solchen Kontrasten spielt auch Heinrich Mann. Seinem Professor Unrat war es »unbegreiflich«, dass Lohmann »keine Disposition« gemacht hatte.
In der literarischen Kritik wird der traditionelle Schulaufsatz aber nicht nur stilistisch aufs Korn genommen, sondern auch bildungspolitisch. Der evozierten Meinungsäußerung kann – in einer entsprechenden Ordnung – die politische Repression auf dem Fuß folgen. Dies zeigt der 1937 erschienene Roman »Jugend ohne Gott« von *Ödön von Horvath*. Ein Lehrer bekommt – in der Kaiserzeit – Schwierigkeiten, als er den Schülern das Aufsatzthema »Warum müssen wir Kolonien haben?« gegeben hat und

dann bei der Korrektur über »Sprachgefühl, Orthographie und Formalitäten« hinaus zu der inhumanen »Meinung« des Schülers kritisch Stellung nimmt.

Von der Schulpädagogik wird schon lange eine bessere Förderung der sprachlichen Kreativität im Deutschunterricht gefordert, und auch mehr Rücksicht auf das Individuelle und Besondere in Arbeiten von Schülern, die mit ihren eigenen Gedanken und im sprachlichen Ausdruck aus der Reihe tanzen. Die Literaturgeschichte kann hier mit eindrucksvollen Beispielen dienen:

Heinrich Heine konnte kein Schulabgangszeugnis vorlegen. Er musste dann eine besondere kommissionarische Prüfung ablegen. Und der Deutschaufsatz hatte das Thema zu bearbeiten: »Die Gründe, worauf es bei der Entscheidung für einen bestimmten Beruf wesentlich ankommt«. In seinen Antworten wird die satirische Begabung schon erkennbar:

> Die Wissenschaften, welche in den Hörsälen gelehrt werden, bedürfen vor allem der Schreibbänke; denn diese sind die Stützen, die Träger und die Grundlagen der Weisheit, welche vom Munde des Lehrers ausgeht, und von den andächtigen Schülern in die Hefte übertragen wird.

Der Vorsitzende der Kommission hielt Heinrich Heine seine »Anlage zur Satire« zugute. Er bemängelte indes, dass er »von dem aufgegebenen Thema bedenklich abgewichen« sei. Die Gesamtprüfung bestand Heine mit Ach und Krach. Ja, »Thema verfehlt« – das ist bis heute ein Argument, mit dem Lehrer gern eigenwillige Deutschaufsätze abqualifizieren, selbst wenn sie schöpferische Akzente enthalten.

Karl Kraus war bis in die vierte Klasse des Gymnasiums hinein ein Vorzugsschüler. Dann wurde die Noten im Fach Deutsch schlechter: »Denn jenes wahrhaft machte mir Schwierigkeiten. Mir fehlten Worte, und es gelang mir nicht, den Frühling, den ich erst erlebte, in einem Aufsatz auch zu beschreiben.« Sein

Mitschüler Hugo Bettauer erinnert sich daran: »Es ging ihm nicht aus der Feder, zu schreiben: »Die herrliche Frühlingssonne beleuchtete einen lieblichen Tag.« Er hätte sich sicher damit begnügt zu sagen: »Es war Frühling und die Sonne schien.« Karl Kraus kommt später noch einmal darauf zurück: »Ich bin noch heute nicht imstande, eine Ferienwanderung oder eine Herbstwanderung zu beschreiben, tröste mich aber mit dem Bewußtsein, dass Goethe selbst nicht in der Lage gewesen wäre, aus seinem Zitat »Schicksal des Menschen, wie gleichst du dem Wind« einen Aufsatz zu machen«. Karl Kraus kann sich dann auch den Seitenhieb auf die Germanistik nicht verkneifen: »Warum Lessings Minna von Barnhelm ein echtes deutsches Lustspiel ist, ist eine Frage, die wie ein Alp seit Kindheitsträumen auf mir lastet, und von der ich das unbestimmte Gefühl habe, dass sie bis heute nicht endgültig beantwortet ist, weder von dummen Jungen noch von älteren Literaturhistorikern.«

Die Beispiele lassen sich fortsetzen. Auch Georg Trakl, Thomas Mann und Kurt Tucholsky haben im deutschen Aufsatz den Erwartungen ihrer Lehrer nicht genügen können. Der Schulaufsatz kann nicht dazu beigetragen haben, ihre literarische Begabung zu erkennen und zu fördern.

Es kommt darauf an, Schüler außerhalb des Klassenzimmers zum selbstständigen und freien Schreiben anzuregen. Das ist keine neue Idee. Schon in den sechziger Jahren zog Sigvaldi, ein bärtiger Mann im Narrengewand, durch die Hauptstraße Kopenhagens. Er schob einen Kinderwagen mit bunten Heften vor sich her. Es waren Schülergeschichten und -zeichnungen, die er in seinem kleinen Verlag gedruckt hatte. Und der Münchner Überreuther-Verlag veröffentlichte damals schon Erzählungen von Kindern, die dem Verlag zu einem Wettbewerb eingeschickt worden waren. Es waren begeisternd schöne, phantasievolle Geschichten darunter. Wann tritt ein Autor seinem Publikum schon so listig und unbefangen gegenüber wie damals der 10-jährige M. Böhm, der seine Geschichte so beginnt: »Wie ihr wißt, tragen die meisten Frösche Hosenträger. Meine Geschichte aber handelt von einem Frosch ohne Hosenträger.« Was überrascht,

ist auch der leichte Wechsel von Perspektiven, wie in einer Erzählung des Schülers für Kinder: »Wie die Schnüffelwuffs dem Herrn Zirkusdirektor Blome das Bellen beigebracht haben.« Und an Doppelbödigkeit und sorgfältiger Beschreibung und Reflexion fehlt es manchen dieser Schülerarbeiten auch oft weniger als manchen »poetischen Texten«.
Die alten Bände des Überreuther-Verlags sind mir wieder in die Hand gekommen, als ich nach Anregungen für den Wettbewerb suchte, der jetzt ausgeschrieben wird, um kreatives Schreiben zu fördern.

Anschriften der Verfasser

Mathias Donat, Zugspitzstr. 211, 86165 Augsburg (md)

Iris Knöpfle, Hartwaldstr. 39, 86415 Mering (ik)

Prof. Dr. Hans Wellmann, Lehrstuhl für Deutsche Sprachwissenschaft, Universitätsstr. 10, 86159 Augsburg (hw)

Daniel Winiger, Josef-Priller-Str. 34 B, 86159 Augsburg (dw)